Armin Fischer
Frauen

Armin Fischer

Frauen

Eine Bedienungsanleitung,
die selbst Männer verstehen

2., aktualisierte Auflage

Bibliografische Information der Deutschen Nationalbibliothek
Die Deutsche Nationalbibliothek verzeichnet diese Publikation in der Deutschen
Nationalbibliografie; detaillierte bibliografische Daten sind im Internet über
http://dnb.ddb.de abrufbar.

ISBN 978-3-86910-473-7

Dieses Buch gibt es auch als E-Book: ISBN 978-3-86910-936-7

Der Autor: Armin Fischer hat in leitender Funktion für renommierte Frauen-
und Lifestyle-Zeitschriften gearbeitet. Für dieses Buch hat er zahlreiche Frauen
und Männer interviewt – herausgekommen ist eine „Bedienungsanleitung", die
nicht nur von Männern verstanden wird, sondern sogar funktioniert!

2., aktualisierte Auflage

© 2010 humboldt
Ein Imprint der Schlüterschen Verlagsgesellschaft mbH & Co. KG,
Hans-Böckler-Allee 7, 30173 Hannover
www.schluetersche.de
www.humboldt.de

Lektorat:	Maria Anna Söllner, München
Covergestaltung:	DSP Zeitgeist GmbH, Ettlingen
Innengestaltung:	akuSatz Andrea Kunkel, Stuttgart
Titelfoto:	Getty Images / Andrew Olney
Satz:	PER Medien+Marketing GmbH, Braunschweig
Druck:	Grafisches Centrum Cuno GmbH & Co. KG, Calbe

Hergestellt in Deutschland.
Gedruckt auf Papier aus nachhaltiger Forstwirtschaft.

Inhalt

Vorwort 11

Teil I: Im Lieferumfang enthalten 14

1 Die Frau 15
Grunddaten 15
    Bevölkerung 16
    Venus & Mars? 17
    Frauen sind erstklassige „Männer-Bändiger" . . . 19
    Die Stärke und die Anmut – zwei Pole, eine Quelle 21
Ihre besonderen körperlichen Reize 25
    Der Busen 25
    Warum machen uns Brüste geil? 26
    Der Hintern 29
Ihre außerordentlichen Fähigkeiten 32
    Das Reden 33
    Multitasking im Gehirn 35
    Das Lügen 36
    Die Sinne 38
    Orientierung 39
    Schmerzen ertragen 41

Multiple Orgasmen 43

Orgasmus vortäuschen 45

Alleine schlafen 45

Die Zähmung des Mannes 47

Ihre kleinen Macken 47

Anstrengend 48

Beleidigt und nachtragend sein 49

Entscheidungsneurosen 50

Harmoniestreben 51

Shopping 53

Sauberkeitsfimmel 54

Endlos viele Dinge im Bad 55

Ihre Menstruation 56

Schräge Theorien und Aberglauben 59

Sex während der Tage 60

2 Modellvarianten 61

Bildung, Alter, kultureller Hintergrund 61

Selbstwertgefühl 64

Emanzipationsgrad 67

Klischeetypen: von Blondine bis Vamp 69

Blondes Dummchen, blondes Gift 70

Der Vamp 71

Die Temperatur der Frauen 71

3 Sechs Frauentypen für die Praxis 73
Die Vielfältige 73
Die Drama-Queen 74
Die Selbstbezogene 75
Die Hochtourige 76
Die Vampir-Frau 77
Die starke-sanfte Frau 79
Gemeinsamkeiten 80

Teil II: Handhabung 82

4 Was will eine Frau? 83
Sie will, dass Sie die Dinge in die Hand nehmen 85
Sie will, dass Sie „richtig" reagieren 87
Sie will gar nicht unbedingt die Nummer 1 sein ... 91
Sie will, dass Sie ihr Sicherheit
mit Leichtigkeit schenken 93

5 Wie bindet man eine Frau erfolgreich? ... 95
Keine Problemlösung liefern, sondern
eine Umarmung 95

Verstehen Sie, wie Sex bei Frauen funktioniert   97

Halten Sie ihren alltäglichen Tests stand   98

Erobern Sie sie immer von Neuem   99

Deuten Sie sie richtig   101

Tun Sie nie alles, was sie verlangt   102

Halten Sie emotionale Stürme aus

und bleiben Sie   104

Verlangen Sie nicht zu viel von ihr   105

Seien Sie gut zu ihr   107

Was Bindung für Frauen bedeutet   107

6 Wie erobert man eine Frau?   110

Die Grundlagen schaffen   111

Vor dem ersten Ansprechen   114

Der erste Kontakt   116

Small Talk   119

Necken und anfassen   120

Die emotionale Bindung verstärken   124

Wie die Gruppe hilft und stört   127

Auf der Zielgeraden   128

7 Wie hat man guten Sex?   130

Schaffen Sie den richtigen Rahmen   131

Der ganze weibliche Körper ist eine erogene Zone . .   133

Finale   135
Das große O   137
Probleme   140
Stellungen   141
Noch besseren Sex   142

Teil III:
Fehlermeldungen und Fehlerbehebung   146

8 Was Störungen eigentlich sind   147

9 Fehlerbehebungsliste   149
Sie reizt mich sexuell nicht mehr   149
Sie will keinen Sex   149
Sie geht fremd   150
Sie droht mit dem Ende der Beziehung   151
Sie fühlt sich unglücklich   152
Sie ist eifersüchtig   153
Sie macht mich eifersüchtig   154
Sie will mehr Geld   155
Sie ist krankhaft ehrgeizig im Beruf   155
Sie kann nicht kochen   156

Sie blockiert das Telefon 157

Sie kommt notorisch zu spät 158

Sie hat Shoppinganfälle 159

Sie ist unintelligent und langweilig 160

Schlusswort & Dank 161

Literatur 163

Vorwort

Lieber Leser, was erwarten Sie sich von diesem Buch? Möchten Sie Frauen besser verstehen? Möchten Sie sie verführen? Oder möchten Sie Ihre Frau oder Freundin mit neuen Erkenntnissen überraschen? All das können Sie hier finden. Was dieses Buch sagt, ist eigentlich etwas sehr Einfaches: Frauen und Männer sind verschieden, und das ist gut so. Emanzipatorische Bemühungen, kulturelle Zwänge, politisch korrekte Erziehung – das alles sind nur Tendenzen, die an der Oberfläche einer tieferen Wahrheit kratzen und sie kaum berühren: Damit Frau und Mann zusammenkommen (und -bleiben), spielen sie heute wie eh und je das archaische „Spiel" der Verführung. Des Nehmens und Genommenwerdens, des Forderns und des sich Hingebens. Beide Geschlechter haben dafür im Lauf ihrer Entwicklung ein ausgefeiltes Instrumentarium entwickelt – und sie setzen es, wenn es darauf ankommt, mit aller Macht ihrer Urinstinkte ein, oft ohne sich dessen bewusst zu sein. Einiges davon werden Sie hier in diesem Buch erfahren.

Zwei Wahrheiten gleich zu Beginn: Frauen sehnen sich, daran hat sich nichts geändert, nach starken, tatkräftigen Männern. Und zweitens: Auch eine langdauernde Beziehung funktioniert nach den gleichen Regeln wie eine Verführung. Wir geben ihr nur ab einem bestimmten Punkt einen anderen Namen. Nur wenn Sie es schaffen, die Funken sprühen zu lassen wie zu Beginn Ihrer Beziehung, kann

Ihre Partnerschaft eine dauerhaft beglückende und sexuell erfüllte sein. Wie das geht, erfahren Sie in den Kapiteln 4 und 5 des Buchs. Wenn Sie aber noch ganz am Anfang stehen und auf der Suche sind, sehen Sie sich das Kapitel 6 gründlich an. Und das Kapitel 7, „Wie hat man guten Sex?", dürfte für alle von Interesse sein.

Warum lesen Männer Bedienungsanleitungen? Meistens haben wir ja ohnehin schon herausgefunden, wie das Ding funktioniert. Ja, aber erstens wollen wir exakt wissen, was genau wir da gekauft haben, und zweitens freuen wir uns, wenn wir schlauer als die Bedienungsanleitung sind. Diese Lektüre dient also eigentlich einem ganz anderen Zweck als vom Hersteller gedacht: der Erbauung, Entspannung, und – wenn Sie so wollen – Selbstreflexion.

Allerdings gibt es noch eine Gelegenheit, bei der wir – notgedrungen – zum Handbuch greifen: Und zwar immer dann, wenn etwas nicht geht, anscheinend kaputt ist. Dann sitzen wir aber nicht entspannt zurückgelehnt im Ohrensessel, sondern blättern hektisch und mit Schweiß auf der Stirn. „Einmal im Monat brauche ich diesen DVD-Recorder – und jetzt geht er nicht. Mist, Mist, Mist!" Es dauert nicht lange, und das Buch fliegt in die Ecke – und das unselige streikende Teil gleich hinterher. „Lass uns lieber schnell zum Media Markt fahren, Schatz, ein bisschen bummeln und einen neuen Brenner besorgen." Sie: „Hä, bummeln zwischen Computern?" Kopfschüttel, grummel, grummel. Gehen wir mal davon aus, wir hätten genug Geduld aufgebracht, dann hätten wir wahrscheinlich eine erstaunliche Entdeckung gemacht: Das Ding funktioniert ja, es war nur ein Bedienungsfehler. Jeder Techniker der Herstellerfirma würde uns bescheinigen: „Jawohl, das Gerät geht einwandfrei, Sie haben es nur falsch – um nicht zu sagen stümperhaft – bedient!" Gott würde uns das Gleiche sagen: „Frauen funktionieren einwandfrei, jawohl! Du kannst nur nicht mit Ihnen umgehen, du Pfeife!"

So zeigt uns eine Bedienungsanleitung also meistens, was wir an uns selbst ändern müssen, wo wir hier an einer Schraube drehen oder da auf ein anderes Knöpfchen drücken müssen. Kurz, sie zeigt uns, was wir an uns ändern müssen, damit es klappt. Denn DVD-Recorder ändern sich nicht. Wir können aber unser Verhalten ihnen gegenüber verändern und sie in geschmeidigen Betrieb versetzen. Nicht viel anders ist das auch bei Frauen.

Armin Fischer

Teil I
Im Lieferumfang enthalten

1 Die Frau

Wenn eine Frau Ihren Weg kreuzt und Sie beide durch die magische Anziehungskraft der Geschlechter aneinander hängen bleiben – dann ist das … ein Geschenk, oder sagen wir besser: ein Überraschungspaket. Ergründen und verstehen werden Sie den Inhalt erst später. So nähern wir uns auch in diesem Buch den Frauen langsam, indem wir zuerst einmal die objektiven Grunddaten betrachten. Später, im zweiten Teil, kommen wir dann zu den tieferen Geheimnissen in der Kommunikation zwischen Frau und Mann.

Grunddaten

Im statistischen Mittel sind deutsche Frauen 1,67 Meter groß und 66 Kilogramm schwer und haben Schuhgröße 39. Sie machen ihre erste sexuelle Erfahrung mit 16 Jahren und kommen im Laufe ihres sexuell aktiven Lebens (wie gesagt, im Durchschnitt!) auf zwölf Sexualpartner. Die meisten deutschen Frauen haben brünettes Haar (70 Prozent), danach folgen die Blonden (gemeint sind echte Blondinen) mit 14 Prozent, die Schwarzhaarigen (13 Prozent) und die Rothaarigen (rund drei Prozent). Fast Dreiviertel aller erwachsenen Frauen lässt sich die Haare färben, vorzugsweise blond, jedoch ist Brünett und Schwarz im Trend.
Ein Drittel der (sexuell aktiven) Frauen liebt es, sich die Schamhaare ganz zu rasieren, gut die Hälfte rasiert sie teil-

weise, und (zum Glück nur) 15 Prozent lassen die Haare so, wie sie sind. 63 Prozent der Frauen rasieren sich die Beine und zufällig genauso viele haben schon einmal einen Vibrator benutzt. Frauen sprechen rund 22 000 Worte am Tag, Männer nicht einmal die Hälfte (eine neue Studie hat das schöne Klischee aber leider etwas relativiert, siehe S. 34). Zwei Drittel ihrer Telefongespräche dauern länger als eine halbe Stunde (Männer beenden 80 Prozent der Gespräche in den ersten fünf Minuten). Bei einem Lottogewinn denken die meisten Männer zuerst an ein Luxusauto, das sie sich beschaffen wollen, Frauen an eine Haushaltshilfe.

Bevölkerung

Auf diesem Planeten gibt es etwa 3,45 Milliarden Frauen. In fast allen Populationen ist der Männeranteil zunächst etwas höher: Auf 100 neugeborene weibliche Babys kommen etwa 105 männliche. Dies gleicht sich im Lebensverlauf aus, denn die Säuglingssterblichkeit bei Jungen ist höher, und auch später sind sie im Leben mehr gefährdet (etwa durch Unfälle, Kriege). Am Ende sind die Frauen die „Überlebenden" – fast weltweit ist die Lebenserwartung bei Frauen um einige Jahre höher als bei Männern. In Deutschland leben 42 Millionen Frauen, 18 Millionen davon in einem Alter zwischen 18 und 50 Jahren. 63 Prozent der Frauen über 18 Jahren sind in Ehe- oder Lebensgemeinschaften, 23 Prozent leben allein und sieben Prozent noch im Elternhaus. Das Durchschnittsalter bei der (ersten)

Eheschließung liegt bei etwa 29 Jahren, und rein statistisch liegt die durchschnittliche Kinderzahl je Frau in Deutschland heute bei rund 1,33. – Gehen wir nochmal zurück zur schönen Zahl, die ganz am Anfang steht: 3 450 000 000 Frauen gibt es auf der Erde. Stellen Sie sich vor, Sie sind nur mit einem halben Prozent davon kompatibel: Das wären rund 17 Millionen potenzielle Partnerinnen!

Venus & Mars?

Dass Männer vom Mars kommen, Frauen von der Venus, dass die beiden „Spezies" recht verschieden sind – das haben wir schon oft gelesen und gehört, und brauchen es nicht zu wiederholen. Der amerikanische Paartherapeut John Grey ist mit seinen gleichnamigen Büchern äußerst erfolgreich.

Frauen und Männer haben sich miteinander und auseinanderentwickelt.

Dabei fragt er nicht nach den Ursachen für die Unterschiede, sondern geht einfach von der prinzipiellen Unterschiedlichkeit der „Venusianer" und „Marsianer" aus. Für die Paartherapie scheint das ein sehr erfolgversprechender Ansatz zu sein. Dennoch: In Wirklichkeit ist es natürlich nicht so, dass Frauen und Männer von unterschiedlichen Planeten kommen, nein, sie haben sich miteinander und aneinander entwickelt, aber auch auseinanderentwickelt. Schon vor Urzeiten setzte sich das Konzept der Zweigeschlechtlichkeit durch (siehe S. 18), durch schnelles Neumischen und Kombinieren der Gene in den Populationen entstand Vielfalt (sog. Biodiversität). Mit dem urzeitlichen Erfolg dieses Fortpflanzungsmodells trennten sich männliche und weibliche Individuen, die vielleicht ursprünglich fast identisch waren. Die Arten spalteten sich auf in männlich und weiblich (sog. Geschlechtsdimorphismus). Nicht anders ist es bei uns: Was wir haben, sind zwei Arten von Menschen – kein Wunder, dass sie verschieden sind.

||| Warum gibt es eigentlich zwei Geschlechter?

In der Natur gibt es auch andere Formen der Reproduktion, als durch „Männchen" und „Weibchen". Die einfachste Form ist die ungeschlechtliche Vermehrung durch einfache (Zell-)Teilung, die bei sehr einfach strukturierten Lebewesen vorkommt. Bei höher entwickelten Tieren nennt man diese autonome Fortpflanzungsart „Parthenogenese" oder Jungfernzeugung. Die Nachkommen entstehen hier aus unbefruchteten Eizellen, die sich spontan teilen. Diese Methode gibt es bei einigen Insekten- und Spinnenarten, bei Krebsen, Schnecken und sogar Eidechsen. Selbst der riesige Komodowaran kann sich (auch) eingeschlechtlich vermehren. Auch andere Varianten der Fortpflanzung sind denkbar: etwa die Befruchtung durch Zwitterwesen, die ihre Keimzellen vermischen.

Warum haben sich diese anderen Möglichkeiten evolutionär nicht durchgesetzt? Warum macht die Natur es sich nicht leicht? Denn den passenden Partner zu finden

▶

ist ja oft nicht einfach, es ist mit Energieaufwand, mit Anstrengungen und Mühen verbunden. Und bei uns Menschen ja auch nicht selten mit Liebeskummer und Herzschmerz. Warum also? Die Antwort der meisten Wissenschaftler lautet: Anpassung. Damit eine Art überleben kann, muss sie sich so schnell wie möglich und optimal an geänderte Lebensbedingungen anpassen können. Bei Einzellern, die seit Milliarden von Jahren unverändert in der Ursuppe unterseeischer Vulkane am Meeresgrund schwimmen, mag das keine große Rolle spielen. Bei den Tieren aber, die sich anschickten, die Erdoberfläche zu erobern, wurde es überlebensnotwendig. Und nicht nur das: Das Suchen nach dem Partner dynamisierte erst so richtig die Entwicklung. Denn das Werben um ihn, die Tricks und Kniffe, um Rivalen auszubooten – all das gab dem Gehirn den Entwicklungsschub, den es brauchte. So ist es also auch dieses Streben, der Antrieb, die Suche nach dem fehlenden Puzzleteil, was uns erst dazu machte, was wir sind. Was Freud erkannte: „Sexualität als Antriebsmotor für das menschliche Handeln" ist ein archaisches Prinzip.

Frauen sind erstklassige „Männer-Bändiger"

Beide, Frauen und Männer, entwickelten im Lauf der Entwicklung ihr eigenes Instrumentarium, ihre eigenen Methoden der Partnerselektion und -bindung. Viele der Unterschiede zwischen Mann und Frau lassen sich ursprünglich auf die unterschiedliche Ausgangsposition bei der Partnerfindung zurückführen. Andere sind sozusagen Nebenbei-Produkte und kommen uns heute seltsam (vielleicht sogar unnötig) vor. Die alte Streitfrage aber, wie viel denn nun davon tatsächlich genetisch bedingt sei oder ob es nicht Sozialisation und Erziehung ist, die Männer und Frauen unterscheidet, ist unnötig und langweilig. Denn beide Faktoren greifen von Anbeginn ineinander und beeinflussen sich gegenseitig. Es kam so, weil es so kommen musste. Der beste Beweis ist Ihre Frau, wenn Sie sie ansehen. Was sehen Sie? Genau: Eine FRAU.

Ich will dem Buch nicht allzu weit vorgreifen, das meiste dazu finden Sie in den späteren Kapiteln. Nur in Kürze: Frauen funktionieren auf einer gewissen Ebene doch erheblich anders als wir Männer. Ob das nun emanzipatorisch korrekt ist oder nicht: Es passiert auf einer tieferen, instinktiven Ebene und hat mit den biologischen Gegebenheiten zu tun – bis heute. Frauen

Frauen haben eine Vielzahl von Methoden entwickelt, um Männer zu zähmen.

konnten und können eben nur relativ selten schwanger werden, während Männer praktisch unbegrenzt Sperma zur Verfügung haben und (theoretisch) Tausende von Nachkommen zeugen können. Urfrauen haben deshalb ausgefeilte Strategien entwickelt, um den „richtigen" Partner zu finden und diesen – wenigstens für eine gewisse Zeit, bis das Kind geboren ist und „auf eigenen Füßen stehen" konnte – an sich zu binden. Paradoxerweise führen diese Mechanismen der Bindung dazu, dass der Mann an Stärke und damit auch an sexueller Anziehungskraft verliert. Die Folge ist, dass die Frau sich vielleicht von ihm abwenden wird und sich einen neuen „starken" Partner sucht. Und das Spiel beginnt von vorne.

Ja, ich weiß, wir haben das doch alles im Griff. Wir sind schließlich kulturelle Wesen mit tieferen Werten usw. Das ist alles richtig. Vergessen Sie aber nicht, dass die Instinkte immer mal wieder durchschlagen. Die erschreckend hohe Zahl von Scheidungen in einer Zeit, in der es keine äußeren Zwänge mehr gibt, eine gescheiterte Beziehung aufrechtzuerhalten, spricht Bände. Männer wiederum haben ihr ureigenstes Mittel, um diesem Prozess des Beziehungsverfalls entgegenzuwirken: unabhängig sein, stark sein, Verführer sein. Später mehr dazu.

Die Stärke und die Anmut – zwei Pole, eine Quelle

Die Stärke. Es gibt einige gute Gründe dafür anzunehmen, dass es Zeiten gab, in denen die Frauen das dominierende Geschlecht waren: Die Tatsache, dass die Mutter eines Kindes immer zweifelsfrei benennbar ist – was für Männer ja nicht gilt –, stärkte die Rolle der Frau innerhalb der Gruppe. Um das Wunder des Gebärens, des Schenkens von neuem Leben entstanden die ersten Kulte und Religionen. Im Zentrum der Verehrung: weibliche Gottheiten. Innerhalb der urzeitlichen Gruppe waren Frauen eher das stabilisierende

Element, sie regelten das Leben der Gemeinschaft, während die Männer auf der Jagd umherstreiften, vielen Gefahren ausgesetzt waren – und oft nicht zurückkamen. Auf Grund dieser Überlegungen vermuten viele Wissenschaftler für die Frühgeschichte der Menschheit ein Matriarchat. Sinnbild dafür sind die Amazonen. Erste Berichte über dieses sagenumwobene, von Frauen dominierte Volk finden sich in frühen Schriften der Griechen, etwa bei Homer (8. Jh. v. Chr.). Die Amazonen werden darin geschildert als unerschrockene und kaltblütige Kämpferinnen, die ihre männlichen Opfer mit Vorliebe mit Pfeil und Bogen zur Strecke brachten.

||| **Amazone: Symbol weiblicher Stärke**

Beheimatet waren die Amazonen am Ostufer des Schwarzen Meers, das noch Jahrhunderte danach „Amazonenmeer" genannt wurde. Welch großen Respekt die männlichen Kämpfer vor den Amazonen hatten, wird zum Beispiel in der Argonautensage deutlich, einer Erzählung, die etwa ins 15. Jh. v. Chr. zurückgeht: Dort wagte es eine Gruppe von 52 griechischen Helden nicht, an bestimmten Abschnitten der Schwarzmeerküste an Land zu gehen – weil dort Amazonen lebten. Diese Kämpferinnen sind historisch umstritten, aber auch in einigen späteren vorderasiatischen Völkern, die belegbar sind, waren Frauen mindestens gleichberechtigt.

Die Matriarchate verschwanden irgendwann, Männer übernahmen dank ihrer körperlichen Überlegenheit das Ruder. Doch genau das führte dazu, dass Frauen im Gegenzug die effizientere psychologische „Bewaffnung" entwickelten – so einiges in diesem Buch handelt davon. Stärke und Anmut sind keine Gegensätze, sondern nur die Pole eines Wesens, das jede Frau ausmacht. Starke, selbstbewusste Frauen sind begehrenswerte Frauen.

Die Anmut. Es gibt nichts Schöneres als eine Frau, die in der Abenddämmerung in einem geöffneten Türbogen lehnt, von hinten beleuchtet von der Abendsonne, und wir sehen nur ihre Silhouette: das Profil ihres Gesichts, den Busen, der sich deutlich abzeichnet, und ihre Hüfte, die sich hervorschiebt. Sie trägt vielleicht ein Tuch, einen Pareo, um ihren Körper geschlungen. Das Abendlicht aber zeigt uns ihre aufregenden Konturen. Eine Frau, die das archaische Verlangen in uns weckt, uns zu komplettieren, uns mir ihr zu vereinigen, in sie einzudringen, ist magisch und mächtig. Magisch, weil ihr Körper, ihre Hüften, ihr Busen, ihre feuchtglänzenden Lippen und ihr Geruch uns anziehen wie wehrlose Pawlowsche Hündchen. Und mächtig, weil sie diese Tatsache jederzeit herumdrehen und für sich einsetzen kann. Sie kann uns manipulieren und uns so den Kopf verdrehen, dass wir nicht mehr wissen, wo wir stehen. Oder sie kann einfach nur gut zu uns sein, wenn wir Glück haben. Das Spiel mitspielen heißt, nicht den Kopf verlieren und die Liebe dennoch genießen. Was sich zwischen einem sexuell verbundenen Paar abspielt, lässt sich nüchtern biologistisch erklären. Das ist die Basis. Darüber hinaus ist es mehr, egal wie man es nennt: Magie, etwas Göttliches oder ein sozial äußerst erfolgreiches Konzept, das wir Liebe nennen.

||| Schnellstart-Wegweiser

Sie wollen wissen, was mit Ihrer Frau „los ist"?
→ Kapitel 4 und 1

Sie möchten Ihre Freundin mit Wissen über Frauen beeindrucken?
→ Kapitel 1, 2, 3 und 7

Sie möchten eine Frau verführen?
→ Kapitel 6 und 7

Sie möchten Ihre Frau/Freundin glücklich machen?
→ Kapitel 4, 5, 6 und 7

Sie möchten „die Richtige" finden?
→ Kapitel 2 und 3

Sie wollen guten Sex?
→ Kapitel 7

Sie wollen viele Freundinnen?
→ Lesen Sie das ganze Buch.

Sie möchten etwas über Busen und Hintern lesen?
→ Gleich hier weiterlesen.

Ihre besonderen körperlichen Reize

Die Silhouette einer Frau ist geprägt von ihrem Busen und ihrem Hüftumfang. Wenn uns eine Frau auf der Straße begegnet, können wir zwar vielleicht nicht gleich den Body-Mass-Index errechnen, aber wir sehen auf einen Blick, was an ihr „dran" ist. Oft hängt davon ab, ob wir einen zweiten Blick riskieren. Schon bevor wir einer Frau ins Gesicht sehen, haben wir – sei es auch nur unbewusst – ihre gesamte Erscheinung, ihren Busen und ihren Hintern wahrgenommen. Warum wirken diese Schlüsselreize so massiv auf uns?

Der Busen

Fangen wir mal sachte an (und das sollte man beim Busen immer tun): Rein physiologisch (körperlich) bestehen die Brüste einer Frau aus zwei Polstern von Fett und Bindegewebe. Darin eingebettet liegen die Milchdrüsen. Nach der Geburt eines Kindes beginnen diese Drüsen Milch zu erzeugen, die dann durch die Brustwarzen abgegeben wird. Die Brustwarzen enthalten enorm viele Nervenenden und sind sehr berührungsempfindlich. Der Hof um die Brustwarzen ist hell rötlich bis braun. Er wird tendenziell nach einer Schwangerschaft dunkler. Wie genau die Brüste geformt sind, wie groß sie sind, wie sehr sie später die Tendenz haben zu „hängen" – das meiste davon ist erblich bedingt. Frauen mögen den Ausdruck „Brustwarzen" übrigens nicht besonders gern. Kein Wunder, es ist wirklich kein schönes

Wort. Viele Alternativen haben wir allerdings nicht, schon gar keine guten: Nippel, Nippelchen, Knöpfchen.

Betrachtet man Statistiken, so sieht man, dass in Europa die Engländerinnen im magischen „Unterwäsche-Alphabet" ganz vor liegen: Bemerkenswerte 57 Prozent der Engländerinnen tragen Körbchengröße D, 23 Prozent Körbchengröße C und nur die restlichen 20 Prozent sind mit kleineren Brüsten ausgestattet. Ganz anders in Italien: Nur jede zehnte Italienerin trägt BHs der Größe D. Die deutschen Damen liegen im guten, aparten Mittelfeld: Rund zwei Drittel aller deutschen Frauen tragen Körbchengröße B – und sind damit so, wie es sich viele deutsche Männer tatsächlich wünschen. (Die Zahlen stammen aus der Studie eines Damenunterwäsche-Herstellers, erhoben in fünf europäischen Ländern.)

Die Brustgröße der deutschen Frau: apart & sexy.

Warum machen uns Brüste geil?

Soweit das harmlose statistische Vorspiel. Aber warum machen uns Brüste scharf? Warum gibt es (fast) kein zweites Merkmal der Frau, das Männer ähnlich kirre macht? Warum ist **Mann** mit Testosteron im Blut völlig machtlos dagegen? Evolutionsbiologen meinen, dass die Brüste, neben dem Stillen von Säuglingen, noch eine zweite essentielle Aufgabe und Eigenschaft haben: nämlich genau diese, uns sexuell zu erregen. Und das ging so: Damals, als unsere affenähnlichen Vorfahren sich noch auf allen Vieren bewegten – so wie heute noch vorzugsweise die meisten Primaten – spielte der Busen als Schlüsselreiz noch keine Rolle. Er war ja im vornübergebeugten Zustand des Weibchens meist sowieso nicht sichtbar. (Und auch bei den heutigen weiblichen Affen ist es so: Die Brüste sind meist kaum ausgeprägt, obwohl sie Milch produzieren.) Der einzige große Schlüsselreiz, den es für unsere weit entfernten Vorfahren gab, war der Hintern des Weibchens – den sie ihrem Auserwählten entgegenstreckte.

Erst mit der Entwicklung des aufrechten Gangs begann der Busen als Attraktor eine Rolle zu spielen. Der Hintern wurde dadurch etwas eingezogen, aber die Brüste entfalteten sich. Und sie taten das – so meinen viele Wissenschaftler – symmetrisch zur vorher so schön anzusehenden Kehrseite. Folgt man dieser Theorie, so simulieren gut ausgebildete und runde Brüste nichts weiter als zwei schöne Pobacken. Ist jetzt nicht plötzlich alles klar?

Wir haben es also, verglichen mit den Menschenaffen, wesentlich besser: Für uns gibt es zwei herausragende Körperpartien der Frau, die uns einfach animalisch begeistern. Wenn sich ein Mann dazu hingezogen fühlt, ist er zuerst einmal – im evolutionsbiologischen Sinne – gesund.

Gut ausgebildete Brüste simulieren einen wohlgeformten Po.

Doch Vorsicht: Egal, ob Sie das nun schon wussten oder nicht, ob Ihre Partnerin es weiß oder nicht: Wie Sie den Busen einer Frau zu behandeln haben, steht auf einem ganz anderen Blatt. Zum Beispiel gibt es einen Unterschied zwischen Schauen und Starren. Frauen lieben einen flüchtigen Blick, der ihren Körper streift und auch Interesse erahnen lässt. Frauen hassen es aber, angestarrt zu werden.

Für fast jede Frau ist ihr Busen ein sehr sensibles Terrain, von dem Sie (zuerst einmal) die Finger lassen sollten. Falls Sie zum Beispiel eine Frau grade erst kürzlich kennengelernt haben und falls sich da etwas abzeichnet: Sparen Sie sich jede Bemerkung über den Busen – mindestens bis nach der ersten Kussorgie. Denn selbst, wenn Sie etwas Positives zu sagen versuchen, kann es leicht falsch ankommen.

Auch wenn es Ihre Partnerin ist – die meisten Frauen lieben es, wenn man mit dem Busen sanft beginnt, sei es real oder in der Phantasie. Auch eine erotische Szene am Telefon kann ein Vorspiel sein, das Ihre Liebste später schneller zur Sache kommen lässt. Und beim Sex selbst, vergessen Sie den Busen nicht. Während Sie in ihr sind, küssen und stimulieren Sie weiter ihre Brüste. Oder, wie es eine Frau ausdrückt: „Ein guter Liebhaber hört nicht auf, die Brüste zu liebkosen, nur weil inzwischen auch der Penis mitmischt."

Die meisten Frauen mögen es, wenn man mit dem Busen sanft beginnt.

Noch was: Fast jede Frau hat an ihrem eigenen Busen etwas auszusetzen, Zehntausende legen sich deshalb Jahr für Jahr unters Messer. Wir Männer sind meist viel zufriedener mit dem Busen unserer Partnerin. Zeigen Sie es ihr. Huldigen Sie dem Busen, lieben sie ihn, seien Sie dankbar.

Der Hintern

Es gibt keinen Ausdruck für diese schöne Seite der Frau, die nicht entweder kindlich-verniedlichend ist (Po, Popo), zu nüchtern-sachlich (Gesäß) oder eben gleich anzüglich (Arsch). Zudem kommt „Arsch" vom indogermanischen „orso", was Anus bedeutet, und steht also pars pro toto. Sagen wir also Hintern. (Obwohl sich der „Arsch" auch langsam in der Alltagssprache ohne abwertenden oder sexistischen Beiklang breitmacht und vielleicht bald salonfähig sein wird.)

Aber beginnen wir auch hier zunächst mit der rein körperlichen Betrachtungsweise. Der Hintern ist (bei Mann und Frau) nichts weiter als ein großes Fettdepot des Körpers. Da der Körperfettanteil (Verhältnis vom Fett zu Muskelmasse) bei Frauen im Durchschnitt 25 Prozent ausmacht, bei Männern aber nur 15 Prozent, ist bei Frauen grundsätzlich mehr Fett „abgespeichert" – insbesondere eben an dieser markanten Stelle, dem Hintern. Das Fett konzentriert sich an den Hinterbacken als bis zu mehrere Zentimeter dicke Schicht unter der Haut. Wie genau der Hintern ausgeformt wird, hängt von vielen Faktoren ab: genetische Anlagen, Ernährung, Lebensweise, Sport. Bis zu einem gewissen Grad lässt sich ein „schönerer Hintern" durch gezieltes Training erreichen. Ein Arsch wie der von Jennifer Lopez oder Beyoncé ist aber definitiv ein Gottesgeschenk.

Wie genau der Hintern ausgeformt ist, hängt von sehr vielen Faktoren ab.

Eine Frau mit „breiter Hüfte", also einem großen Gesäß, signalisierte dem Urzeit-Mann: Ich bin paarungsbereit, mein Körper hat ein gutes Nahrungsdepot für das Baby. Kurz: Ich bin gesund und fruchtbar. Mit dem Geburtsvorgang selbst hat das weniger zu tun: Es gibt keine Hinweise darauf, dass Frauen mit breiten Hüften sich bei einer Geburt leichter tun.

||| **Warum sind „Traummaße" erotisch?**

Warum ist dann die schmale Taille ein Idealbild? Die schmale Taille allein ist nicht sexy und für Männer auch nicht aufregend oder interessant. Sie wird es erst im Kontrast zu einem sich nach unten anschließenden üppigen Hintern, und sich nach oben anschließenden verheißungsvollen Brüsten. Die Traummaße eben: 90 – 60 – 90. Eine schmale Taille ist also lediglich dazu da, um Hintern und Brüste noch mehr zu betonen.

Wenn wir wieder zurückblicken, landen wir erneut bei unseren affenartigen Vorfahren. Und dort war der herausgestreckte Hintern des Weibchens eben **der** Schlüsselreiz für die paarungsbereiten Männchen. Die heutigen Affen zeigen es uns: Bei den Pavianen leuchtet das Hinterteil des Weibchens in roter Signalfarbe, die kein Affenmann übersehen kann. Hinzu kommen starke sexuell anziehende Geruchsstoffe (Pheromone), die einen Pavian unweigerlich dazu bringen, das zu tun, was ein Pavian nun mal tun muss.

Gut, seither ist viel Zeit vergangen, aber der schön ausgeformte Hintern einer Frau ist auch heute noch für viele von uns **der** sexuelle Auslöser schlechthin – aber natürlich nicht mehr der einzige. Das Spiel der Geschlechter läuft heute subtiler, ausgeformter und kultiviert. Eine Form dieses Spiels, die gesellschaftlich akzeptiert ist, ist der Tanz. Und der erotischste Tanz, den es gibt, ist der Bauchtanz. Keine Go-Go-Tänzerin, die sich an einer Stange räkelt,

Der Bauchtanz ist ritualisierter Sex.

kommt dagegen an. Der Bauchtanz (eigentlich eben ein Tanz mit dem Hintern) ist ritualisierter Sex: Die Tänzerin simuliert mir ihren kreisenden Hüftbewegungen genau die Bewegungen, die es braucht, um einen Mann mit minimalem Aufwand zum Orgasmus zu bringen. Das ist Erotik pur. Wie der Busen, so ist auch der Hintern für viele Frauen eine „Problemzone". Sie empfinden ihn als zu groß, zu flach, zu klein – was auch immer. Die meisten sind dabei überkritisch, denn fast jede gesunde Frau hat einen schönen Hintern. Die Art und Weise, wie eine Frau über ihren Hintern denkt, ist von vielen Faktoren geprägt: Erziehung, die gesamte Sozialisation, Ex-Partner etc. Je entspannter ihr Verhältnis zu ihrem Körper ist, umso eher wird sie auch ihren Po als Teil ihres sexuellen Instrumentariums ansehen. Je eher wird sie also zum Beispiel (gelegentlich) Lust auf Analverkehr haben. Aber dazu an anderer Stelle mehr. Ob mit oder ohne Analsex: Sagen Sie beim Liebesspiel nie: „Zeig mir deine Kehrseite!" oder „Dein Popo macht mich geil!" Hier heißt es eindeutig **Arsch**. Wenn sie erregt ist, liebt das (so gut wie) jede Frau.

Ihre außerordentlichen Fähigkeiten

Erstaunlicherweise fällt den meisten Frauen überraschend wenig ein, wenn man sie danach fragt, was Frauen eigentlich besser können als Männer. Ob das nun Understatement ist, Taktik oder wirklich spontane Unwissenheit, lässt sich nicht so genau ergründen. Tatsache ist, dass die Fähigkeiten, in denen Frauen uns haushoch überlegen sind, eher versteckte, subtile sind als offensichtliche – das macht sie natürlich umso effizienter.

Gibt es zum Beispiel Sportarten, in denen Frauen den Männern tatsächlich überlegen sind? Wo sie in einer Liga antreten und gewinnen? Zwar sagt man den Frauen große Ausdauer und Leidensfähigkeit nach, dennoch: Der Marathonweltrekord der Frauen steht bei 2 Stunden und 15 Minuten, der der Männer bei 2 Stunden und 4 Minuten. Auch die Königsdisziplin der Ausdauer-Athleten, der Ironman-Wettbewerb, ist – wie der Name schon sagt – eine Männerdomäne: Die schnellste Frau schaffte die mörderische Strecke in 8 Stunden und 53 Minuten, der schnellste Mann aber war 8 Stunden und 4 Minuten unterwegs. Es ist schwierig, Sportarten zu finden, bei denen Frauen sich direkt mit Männer messen können (und gewinnen). Öfters genannt werden Reiten, Eiskunstlauf, Sportgymnastik, Bogenschießen und der

Rallyesport. Aber angesichts Hunderter von Sportarten ist das ziemlich wenig. Selbst beim Schach, das offensichtlich nichts mit Muskeln zu tun hat, gibt es getrennte Ligen für Männer und Frauen, und nur eine einzige weibliche Spielerin, die Ungarin Judith Polgár, kann sich bei den Männern behaupten (Ranglistenplatz 48). Die Frauen-Schachweltmeisterin aber, die Russin Alexandra Kostenjuk, würde nicht einmal unter den Top 300 in der Männer-Rangliste liegen. Was ist also das Geheimnis der Frauen?

Das Reden

Die größte Stärke der Frauen ist das Kommunizieren, das Reden, das Sich-mit-anderen-Austauschen. Statistiken besagen, dass Männer im Durchschnitt mit 10 000 Worten pro Tag auskommen, Frauen gebrauchen im Schnitt 22 000 Wörter, also mehr als doppelt so viel (vgl. aber auch S. 34). Das heißt nicht, dass sie immer etwas Sinnvolles sagen, aber ihr Hang zum Reden ist doch deutlich ausgeprägter als bei Männern. Muss man das jetzt als Stärke oder besondere Fähigkeit der Frau auslegen? Na ja, es heißt zwar „Schweigen ist Gold", aber vergessen wir nicht: Die Sprache ist eine Kernkompetenz des Menschsein. Nur durch das Wechselspiel und die stetige Perfektionierung von aufrechtem Gang, Werkzeuggebrauch und Kommunikation konnte der Vorfahre des modernen Menschen vor rund zwei Millionen Jahren den rasanten Siegeszug beginnen, den der **homo sapiens** (seit ca. 200 000 Jahren) fortsetzte.

Kommunikation war und ist ein Entwicklungsturbo für die Gruppe wie für das Individuum. Und die Frauen können es besser! Oder jedenfalls lieben sie es mehr.

||| Es gibt auch schweigsamere Frauen

Eine neue Studie scheint das liebgewonnene Klischee „Frauen reden doppelt so viel wie Männer" ein wenig zu revidieren: An der Universität von Tucson in Arizona wurden jüngst 400 Studenten hinsichtlich ihrer täglichen verbalen Aktivität unter die Lupe genommen. Das Forscherteam um Matthias Mehl kam zum Ergebnis, dass die Unterschiede zwischen verschiedenen Persönlichkeitstypen viel größer sind als die zwischen Männern und Frauen. So zählte sie bei einem Probanden lediglich 500, bei einem anderen 47 000 Worte am Tag (beides Männer). – Dennoch stimmt die Zwei-zu-Eins-Schätzung, die auf nicht wissenschaftlich erhobenen Daten einer amerikanischen Neuropsychiaterin vor 15 Jahren beruht – in etwa mit unserer Lebenserfahrung überein.

Hirnforscher können nachweisen, dass das Sprachzentrum im weiblichen Gehirn stärker ausgeprägt ist als im männlichen. Warum das so ist, wissen sie allerdings nicht. Alles, was es hierzu gibt, sind mehr oder minder wissenschaftliche Spekulationen, die von der „Urzeit-These" (Männer machten sich auf die Jagd nach wilden Tieren und entwickelten dabei ihren Orientierungssinn, Frauen saßen am Lagerfeuer und ratschten) bis hin zum Einfluss der Hormone auf das Gehirn reichen. Dazwischen gibt es allerhand. Im zweiten Teil des Buches werden wir sehen, dass gerade die kommunikativen Kompetenzen der Frauen es sind, die ihre evolutionären körperlichen Nachteile gegenüber den Männern mehr als ausgleichen. Viele der (zum Teil manipulativen) Selektionsmechanismen, die bei der Partnerwahl zum Zuge kommen, sind Instrumente, die auf Sprache basieren.

Multitasking im Gehirn

Die vielzitierte Multitasking-Fähigkeit der Frauen – also viele Dinge gleichzeitig zu tun – gibt es wirklich: Etwa ein Butterbrot schmieren, gleichzeitig mit der Freundin telefonieren, nebenbei einen Billigflug im Internet raussuchen und uns nachrufen, wir sollten nicht vergessen, die Kinokarten zu besorgen. Das ist kein Klischee, sondern hat – so scheint es – tatsächlich mit den Gehirnfunktionen von Frauen zu tun. Der amerikanische Autor Jeff Feldhahn beschreibt das weibliche Denken mit einem Computerbildschirm, auf dem mehrere Fenster gleichzeitig geöffnet sind und bearbeitet werden. Die Frauen, die er interviewte, bestätigten ihm, dass sie tatsächlich so „funktionieren" würden. „Es ist zwar möglich, ein Fenster vorübergehend etwas zu verkleinern", so eine Befragte, „dennoch bleiben sie ständig alle geöffnet und aktiv."

Hirnforscher können tatsächlich bei Frauen eine stärkere interne Vernetzung des Gehirns feststellen als bei Männern, zum Beispiel gibt es eine deutlicher ausgeprägte Verbindung der beiden Gehirnhälften. Bildlich gesprochen könnte man sagen, dass das weibliche Gehirn eher einem Kaleidoskop gleicht, bei dem mal hier etwas aufblitzt, mal da, und das alle Varianten des Zusammenspiels ausnutzt. Das

Weibliche Gehirne sind intern besser vernetzt.

männliche Gehirn wäre dagegen eher zielgerichtet, wie ein Fernrohr. Dennoch: Legt man einem Neuroanatomen ein Gehirn vor und fragt nach dem Geschlecht, wird er wahrscheinlich ratlos sein. Die oberflächlich sichtbaren Unterschiede sind sehr gering.

Das Lügen

Lügen könnte man als eine Unterform des Redens einsortieren, aber es ist viel mehr, es ist ein kreativer Akt. In Vollendung ist es eine Kunstform. Frauen sind hier unschlagbar. Zwar zeigen Statistiken, dass Männer und Frauen etwa gleich häufig lügen, jedoch sind die Lügen der Frauen wesentlich ausgefeilter, durchdachter und komplexer. Oder wie eine gute Bekannte neulich sagte: „Wenn schon lügen, dann aber richtig!"

Wissenschaftler der Queen-Margaret-Universität in Edinburgh wollten es genau wissen und führten eine Reihe von Lügen-Experimenten mit Männer und Frauen durch. Das Ergebnis: Männer verzetteln sich leichter und stolpern über

„Ähhs" und „Öhhs", während Frauen ihre Lügen flüssig über die Lippen bringen. Aber nicht nur Ausdruck und Mimik sind entscheidend, sondern auch die Story. Frauen wissen: Ein guter Lügner bleibt immer möglichst nahe an der Wahrheit. Trifft sie zum Beispiel ihren Geliebten in einer anderen Stadt, gibt sie zu, dass sie dahin fährt – nur nicht zu wem. Sie schiebt berufliche Gründe vor oder den Besuch bei einer Freundin – was auch immer. Das ist natürlich sinnvoll: Sollten Sie irgendwann zufällig das Zugticket sehen: Die Reiseroute stimmt. Auch sonst wird sie so weit bei der Wahrheit bleiben wie möglich. Sagt sie Ihnen etwa später am Telefon, sie besuche ein Museum, wird es wahrscheinlich so sein (sie verschweigt nur, dass ihr Geliebter dabei ist) …

Das Lügen ist ein kreativer Akt.

Auf diese Weise lässt sich ein ganzer Tagesablauf ziemlich „wahrheitsgetreu" schildern – bis auf die entscheidenden Kleinigkeiten, die sie verschweigt. Abends telefonieren Sie dann vielleicht noch mit ihr, und sie wünscht Ihnen eine gute Nacht. Sie können beruhigt schlafen gehen. Aber: Wissen Sie wirklich, was sie in Ihrem Hotelbett macht? Mitnichten. Ziemlich perfide, oder? Aber das Tollste daran ist, sie kann sich mit dieser Taktik sogar selbst einreden, sie hätte praktisch nicht gelogen!

Denken Sie immer dran: Frauen erwarten von uns, dass wir Ihnen eine Lüge „abnehmen", sie wollen, dass wir diese Version akzeptieren. Selbst, wenn die Lüge durchschaubar ist. Sie möchten nicht, dass wir nach der Wahrheit suchen. Meistens lügen Frauen, genau wie Männer, um einer Konfrontation aus dem Wege zu gehen oder um die Beziehung nicht zu gefährden. Und sie lügen deshalb, weil sie überzeugt davon sind, dass wir sowieso kein Verständnis für ihren Gewissenskonflikt oder ihr Problem hätten. Darum haben sie sogar manchmal das Gefühl, sie hätten durch die Lüge etwas Gutes getan und uns verschont.

Die Sinne

Frauen sind tatsächlich sensibler als wir Männer: Sie hören besser (laut einer Studie der Universität Indiana), sie können besser riechen, sie sehen anders, und ihre Haut hat mehr Empfindungs- und Schmerzrezeptoren. Eine Untersuchung am Monell Chemical Senses Center in Philadelphia zeigte, dass der Geruchssinn von Frauen signifikant besser ausgeprägt ist als der von Männern und dass sich das tatsächlich auf das tägliche Leben auswirkt. Kalifornische Forscher wollten es genauer wissen und haben herausgefunden, dass ein bestimmtes Testosteron-Abbauprodukt (namens Androstadienon) die Stimmungslage von Frauen verbessert und sie erregt. Dieser Stoff ist kein Bestandteil eines sündteuren Parfüms, sondern er findet sich im männlichen Schweiß. – Aber auch den „Axe-Effekt" gibt es wirklich: In einer anderen Studie wurde der Frage nachgegangen, ob sich Attraktivität und

Männerschweiß macht Frauen glücklich.

sympathische Ausstrahlung von Männern positiv verändern, wenn sie einen von Frauen bevorzugten Duft verwenden. Die Ergebnisse waren klar: Wen eine Frau gut riechen kann, den nimmt sie automatisch als insgesamt selbstsicherer, natürlicher und positiver wahr.

Hirnforscher des Forschungszentrums Jülich fanden kürzlich Hinweise darauf, dass die Sehzentren von Frauen und Männern unterschiedlich aufgebaut sind. Sie erkannten mit einer hochkomplexen Methode Unterschiede in der Zellarchitektur. Wie das zu deuten ist, ist noch unklar, aber die Wissenschaftler vermuten, dass Frauen ihre optische Wahrnehmung anders interpretieren als Männer und dass zum Teil unterschiedliche Vernetzungen benutzt werden, wenn eine optische Wahrnehmung bewertet oder abgespeichert wird. Ein Grund, warum Frauen die „Schönheit" eines Mannes ganz anders bewerten als umgekehrt? (Nach dem Auftreten, Gesamtbild, Status und – manchmal – der Brieftasche.)

Orientierung

Dass Frauen sich schlecht orientieren können, stimmt nur bedingt. Zwar haben sie Schwierigkeiten beim Kartenlesen und dem sich Vorstellen einer bestimmten Wegstrecke vor dem geistigen Auge, sie haben aber andere Methoden, die sie ebenso effizient zum Ziel führen. Psychologen der Universität Mannheim machten den praktischen Test: Sie „setzten" Probanden in einer unbekannten Stadt an einer bestimmten Stelle „aus". Die Aufgabe: Geh zurück zum Bahnhof, so zügig wie möglich. Der Test endete unentschieden: Männer und Frauen fanden gleich schnell zurück (vielleicht, weil die Männer sich zwar besser orientierten, die Frauen stattdessen aber einfach nach dem Weg fragten?). Jeder weiß, wie Frauen sich mit einer Landkarte anstellen: Sie drehen sie so lange herum, bis sie mit der Umgebung „übereinstimmt" (wodurch wir, danebenstehend, völlig die Peilung verlieren) und dann marschieren sie praktisch „der Karte entlang". Das korrespondiert mit Ergebnissen der Psychologie: Frauen haben große Schwierigkeiten bei Rotationsexperimenten, bei denen dreidimensionale Körper geistig gedreht und angeordnet werden müssen. Dieses Drehen vor dem geistigen Auge beherrschen sie nicht. Sie drehen stattdessen ganz real die Landkarte, bis uns schwindlig wird.

Sie dreht die Landkarte, bis uns schwindlig wird.

Im wirklichen Leben sind Frauen aber gar nicht so schlecht. Ein höchst interessantes Experiment der amerikanischen Yale-Universität verlief vor Kurzem so: Die Forscher wiesen 86 Wochenmarktbesucher an, zu sechs Verkaufsständen in einer ganz bestimmten Reihenfolge zu gehen. An jedem Stand durften sie dann ein bestimmtes pflanzliches Lebensmittel probieren und bewerten. Erst nach dem kompletten Rundgang erfuhren die Teilnehmer, dass ihr räumliches Orientierungsvermögen getestet werden sollte. Die Probanden sollten von der Mitte der Markthalle aus bestimmen, wo genau sie welches Lebensmittel gekostet hatten. Ergebnis: Die vierzig Frauen schnitten bei diesem Test deutlich besser als die Männer ab.

Die Forscher schließen daraus, dass die räumliche Orientierung auch von der Art der Orientierungspunkte abhängt. Obst, Gemüse und andere Saisonware würden bei Frauen wohl das räumliche Gedächtnis aktivieren. Nein, das ist kein Witz! Im altehrwürdigen Yale, der drittältesten (seit 1716) und einer der renommiertesten Unis der USA macht man solche Scherze nicht.

Was die These der Forscher noch stützte: Die Orientierungsfähigkeit der Teilnehmer hing auch von der Qualität der Nahrungsmittel ab: Je mehr Kalorien ein Nahrungsmittel hatte, desto besser konnten sich die Freiwilligen (sowohl Frauen als auch Männer) erinnern, wo sie es probiert hatten … Erinnert uns das irgendwie an den Schwänzeltanz der Bienen und den Bienenflug? Jedenfalls erstaunlich. Fazit: Wenn es darauf ankommt, können Frauen sich sehr wohl orientieren. Das nervige Stadtplangesuche überlassen sie aber lieber uns.

Schmerzen ertragen

Man sagt, dass Frauen Schmerzen besser ertragen können als Männer – oder dass sie zumindest nicht so wehleidig sind. Erstaunlich, denn rein physiologisch sind sie sogar schmerzempfindlicher als wir: Das weibliche Sexualhormon Östrogen steigert die Aufmerksamkeit des Nervensystems und verstärkt die Weiterleitung schmerzhafter Impulse, das männliche Testosteron dagegen wirkt dämpfend. Frauen leiden häufiger unter chronischen Schmerzen als Männer und spüren sie sogar stärker. Dennoch scheinen sie besser damit umzugehen: Die deutsche Schmerzliga zieht nach der Auswertung Dutzender internationaler Studien das Fazit: „Trotz oder wegen der stärkeren Belastung kommen Frauen vielfach besser mit Schmerz zurecht, denn sie sprechen über ihre Schmerzen. Sie klagen den Freundinnen ihr Leid oder suchen bei Selbsthilfegruppen Rat." Ihre besser ausgeprägte Kommunikationsfähigkeit scheint den Frauen also auch hier zugutezukommen.

Frauen verarbeiten Schmerzen anders.

„Frauen kriegen schließlich Kinder – sind also dafür ausgelegt, extreme Schmerzen zu ertragen" – das hört man öfters. Dies ist jedoch ein Vorurteil. Die Geburt ist ein Sonderfall. Im letzten Drittel der Schwangerschaft schießt der Progesteronspiegel einer Frau extrem nach oben. Und dieses Hormon wirkt hier ganz ähnlich wie Testosteron, also schmerzhemmend. Die Schmerzschwelle steigt, das Endorphin-System wird aktiviert. So stellt sich der Körper der Frau auf die zum Teil extremen Belastungen während einer Geburt schon mal ein. Besonderheit des Geburtsschmerzes: Frauen können sich an ihn in den meisten Fällen nicht erinnern, wenn es vorbei ist. Er kann sozusagen nicht im Gedächtnis reproduziert werden. Ein Trick der Natur, um eine Frau überhaupt zu einer zweiten Schwangerschaft zu verleiten. – Dies führt uns direkt zu einer Kernkompetenz der Frauen – dem Gebären. Aber nun, das können sie ja nicht besser als Männer, denn die Männer können es gar nicht. Darum fehlt es an dieser Stelle.

Multiple Orgasmen

Zwar können auch Männer multiple Orgasmen erreichen (↑ S. 136 ff), aber es ist doch eindeutig eine Domäne der Frauen – hoffentlich!! Multiple Orgasmen sind für fast jede Frau „erlernbar", wenn sie es erstens wirklich möchte und zweitens beide Partner

Multiple Orgasmen sind für fast jede Frau erlernbar.

auf die richtigen „Knöpfchen" drücken. – Bitte nicht missverstehen: Da gibt es keine Bedienungsanleitung. Diese Knöpfchen können überall sein, das Schöne ist, sie zu finden, und dann zu sehen, was passiert. Manchmal sind diese Auslöser gar nicht real, sondern nichts weiter als eine geile Phantasie im Kopf der Dame – und in Ihrem hoffentlich dann auch. Voraussetzung für einen Mehrfachorgasmus ist aber logischerweise ein erster, einzelner Orgasmus. Und hier deuten immer wieder Studien und Befragungen darauf hin, dass es eine Gruppe von Frauen gibt, vielleicht 20 Prozent, die ihn sehr selten oder gar nicht erreichen. Das ist aber fast immer eine Sache des Partners und der Technik. Lesen Sie mehr dazu im Kapitel 7 (S. 130).

Je mehr sexuelle Erfahrung eine Frau hat, umso leichter wird es ihr fallen, zum Orgasmus zu kommen – und dies gilt natürlich erst recht für multiple Orgasmen. Viele Frauen erleben ihre sexuell aufregendste Zeit heute in einem Alter zwischen etwa 40 und 55 Jahren – obwohl hier ihre rein körperliche sexuelle Leistungskurve bereits leicht nach unten zeigt. Dies wird aber durch die Erfahrung und auch die gewisse Reife, die es braucht, um erfüllten Sex zu erleben, mehr als ausgeglichen.

||| Die Konkurrenz der Spermien

Wissenschaftler ziehen Rückschlüsse von der Fähigkeit des Mehrfachorgasmus der Frau auf das Paarungsverhalten der Frühmenschen: Die Weibchen damals hätten sich in rascher Folge von mehreren Männchen begatten lassen und lediglich die fruchtbarsten und robustesten Spermien hätten den Weg zur Eizelle geschafft: eine postkoitale Auslese im Muttermund sozusagen. Weitere Forschungsergebnisse scheinen diese Theorie zu stützen: Man stellte fest, dass eine große Zahl von Samenfäden eines Ejakulats überhaupt nicht zur Verschmelzung mit einer Eizelle ausgerüstet ist, sondern vielmehr dazu, konkurrierende Samenfäden zu blockieren oder abzutöten. Diese Forschungsergebnisse sind zwar umstritten, aber es ist schon erstaunlich, mit welch radikalen Ausleselemechanismen so etwas Schönes wie ein multipler Orgasmus in Verbindung gebracht wird.

Orgasmus vortäuschen

Spätestens seit Meg Ryan im Film „Harry und Sally" in einem amerikanischen Schnellrestaurant diese legendäre Orgasmus-Szene hingelegt hat, weiß jeder, wie gut Frauen einen Orgasmus simulieren können. Und genauso ist es. Zwar will ich für Sie hoffen, dass es Ihnen noch nie passiert ist – und mir auch nicht –, aber die Lebenserfahrung und die Erzählungen vieler weiblicher Bekannter sprechen nun mal dagegen. Und außerdem gibt es, wie immer, Statistiken: Bei einer repräsentative Umfrage des Emnid-Instituts gaben 80 Prozent der Frauen an, sie hätten ihrem Partner schon einmal einen Orgasmus vorgetäuscht – und ein paar der restlichen 20 Prozent werden auch geschwindelt haben. Frauen können es also deshalb ziemlich gut, weil sie darin in Übung sind. Und jetzt kommt der Bumerang: Männer, wenn wir uns mehr Mühe geben würden, dann sähe die Statistik sicher ein wenig günstiger aus …

Erkennt man es? Unwahrscheinlich. Manchmal erkennt man ja kaum, wenn eine Frau einen Orgasmus bekommt. Wie soll man dann erkennen, wenn sie keinen bekommt?

Alleine schlafen

Frauen fällt es nicht nur leichter, alleine zu schlafen, sie schlafen auch besser, wenn sie das Bett nicht teilen müssen. Der Verhaltensbiologe John Dittami beobachtete an der Universität Wien neun Monate lang das Schlafverhalten von zehn unverheirateten, kinderlosen Partnern zwischen 21 und 31 Jahren. Etwa die Hälfte der Nächte verbrachten die Versuchspersonen jeweils ohne Partner. Deutliches Ergebnis: Die Frauen schliefen besser durch, wenn sie alleine waren, und fühlten sich auch am nächsten Morgen erholter. Bei den Männern war kein wesentlicher Unterschied festzustellen. Dittami: „Sowohl die subjektive Einschätzung als auch die Daten am Messgerät zeigten uns, dass Frauen in ihrem Schlafverhalten auf die Anwesenheit eines Bettpartners wesentlich sensibler reagieren." Vielleicht ein Grund, warum Frauen gern mal eine Beziehung „grundlos" beenden? Sie wollen endlich mal wieder ungestört schlafen …

Frauen schlafen alleine besser und tiefer.

Als mögliche Erklärung führen die Wissenschaftler übrigens an, dass Frauen eventuell von Natur aus einen sensibleren Schlaf hätten – um als Mutter prompt auf ihre Kinder reagieren zu können. Untersucht wurden in der Studie junge, unverheiratete Paare. Bei Partnern, die bereits länger in einer gemeinsamen Wohnung zusammenleben, wären andere Ergebnisse zu erwarten. Man weiß, dass sich bei sehr vertrauten Paaren eine Art Symbiose einstellt, die dazu führt, dass man weder ohne den anderen sein möchte noch ohne ihn richtig schlafen kann.

Was sich auf jeden Fall positiv auf den Schlaf auswirkt: Sex. Danach schliefen sowohl die Frauen als auch die Männer in der Wiener Testgruppe besser. Allerdings nur dann, wenn man irgendwann damit aufhört …

Die Zähmung des Mannes

Eine Kernkompetenz des Frauseins haben wir hier nicht erwähnt: Die Interaktion mit dem Mann. Frauen haben im Laufe der Evolution erstaunliche Fähigkeiten entwickelt, um die körperliche Überlegenheit der Männer auszubalancieren. Im Paarungs- und Fortpflanzungsritual sind es die Frauen, die die auswählende Rolle übernehmen. Das ist logisch, denn sie haben viel weniger Fortpflanzungsressourcen zur Verfügung und müssen wesentlich vorsichtiger und sparsamer damit umgehen. Über die weiblichen Strategien und Selektionstechniken erfahren Sie mehr im zweiten Teil des Buches, in dem es um die „Handhabung" geht.

Ihre kleinen Macken

Männer sind, nach den Macken ihrer Partnerinnen befragt, recht zurückhaltend. Den meisten ist wohl klar, dass sie da ein feminines Mysterium zu Hause haben, an dem man gar nicht lange herumkritisieren sollte. Mancher sagt auch: „Meine Frau hat keine Macken – die Macke habe ich!" Ja, Ladys, Ihr dürft euch glücklich schätzen. Wir Männer sind loyal und mögen Euch, wie Ihr seid. Einer drückt es so aus: „Sie kaufen Pullover, die kratzen, kaufen sich Hosen, die viel zu eng sind, aber schlank machen. Sie kleben sich Pflaster über die Zehen, bevor sie in die zu kleinen, aber schicken neuen Schuhe steigen. Das würde kein Mann jemals bringen, und deshalb sind Frauen so großartig!"

Darum sollte man den folgenden Abschnitt auch nicht überbewerten oder missverstehen. Er behandelt die kleinen „Macken" des Alltags und spielt auf die gängigen Klischees an, das muss ja auch mal sein. Sehen wir diese weiblich typischen Eigenschaften, die von Männern und Frauen immer wieder genannt werden, erst einmal als Material-sammlung. Später ordnen wir sie dann in den richtigen Rahmen – wenn es um Schlüsselfragen in Zusammenhang mit Partnersuche und -bindung geht.

Anstrengend

Frauen können sehr anstrengend sein. Während ein Mann mit einer Pizza vom Bringdienst, einer DVD und einer Flasche Bier abends auf dem Sofa schon glücklich sein kann, sind Frauen viel schwieriger zufriedenzustellen. Sie sehnen sich immer nach mehr. Frauen haben immer eine Hoffnung und eine Erwartung – wonach, das wissen sie meist selbst nicht so genau. Aber diese Unruhe wohnt in ihnen. Wir Männer können das nicht ändern, wir können im besten Falle nur ihr „ruhender Pol" werden, der ihnen emotionalen Halt gibt. Brigitte (33) aus Düsseldorf sagt: „Ich beneide meinen Freund, weil er so einfach abschalten kann. Der knallt sich nur abends aufs Sofa, schaut Sport an und sein Leben ist irgendwie im Gleichklang. Ich kann so einen Zustand von Zufriedenheit zwar auch erreichen – aber bei mir ist der Weg dahin tausendmal schwieriger. Ich beneide ihn darum, aber manchmal hasse ich ihn auch dafür."

In jedem Mann wohnt so ein behäbiger Löwe, der da glücklich und zufrieden herumliegt und lediglich wartet, dass ihm das Essen vors Maul fällt. Frauen aber, das sind die rastlosen Jägerinnen auf der Suche nach der besseren Beute. Ein Mann muss das wissen und der Rastlosigkeit seiner Frau Tribut zollen. Wenn er nur sein männliches Leben lebt –

Pizza, Bier, ein wenig Unterhaltung und fertig – wird er sie schnell verlieren. Wenn wir also meinen, Frauen

Frauen sind schwer zufriedenzustellen.

seien anstrengend, dann kann das auch heißen, dass wir unseren Hintern zu selten hochbekommen. Wir müssen also aufstehen und unseren Frauen etwas bieten. Und uns selbst wird es auch gefallen.

Beleidigt und nachtragend sein

Manche – nicht alle – Frauen haben eine Spezialmacke, die sie sich anscheinend als kleine Mädchen angewöhnen und nie mehr richtig los werden: das Beleidigtsein. Wenn ihr etwas nicht passt, kann sich von einer auf die andere Sekunde ihre Stimmung ändern. Sah sie vorher noch aus wie ein Engel, schickt sie jetzt böse und beängstigende Blicke. Oder schlimmer noch: Sie dreht sich um, läuft weg und sieht uns gar nicht mehr an. Für eine Weile bricht sie dann jegliche Kommunikation ab: Geht nicht mehr ans Telefon, beantwortet keine SMSe mehr. Sie straft uns mit Nichtbeachtung, mit völliger Ignoranz. Mark (29) aus Berlin: „Meine Freundin ist eigentlich eine tolle Frau, aber gelegentlich kann sie zur Mega-Extremzicke werden – und oft weiß ich nicht mal so genau, was passiert ist. Männer kommen mit dieser Zickigkeit schwer klar, weil sie selbst anders sind. Stellen Sie sich vor, zwei Kumpels streiten sich darum, wo es die besten Alufelgen fürs Auto gibt, oder die elegantesten Notebooks. Weil sie sich nicht einig werden, dreht sich einer beleidigt weg, zieht einen Flunsch und sagt: „Mit dir red' ich nicht mehr!" Schon mal erlebt? Eben.

Das Beleidigtsein wird ergänzt durch eine zweite, ebenfalls nicht gerade unkomplizierte Eigenschaft: das Nachtragendsein. Selbst wenn Ihre Frau/Freundin behauptet, sie sei nicht nachtragend – sie ist es doch. Sie haben den Streit vielleicht längst vergessen, wissen nicht mal, worum es ging. Sie merken aber, dass mit Ihrer Partnerin etwas nicht stimmt, sie benimmt sich anders als sonst. Vielleicht gleichgültiger, weniger aufmerksam, etwas liebloser. Wenn Sie dann darüber reden – was ja schon mal gut ist! –, werden hundert andere Dinge zur Sprache kommen, die nichts mit der Unstimmigkeit zu tun haben. Irgendwann aber – vielleicht auch erst beim zweiten oder dritten Gespräch – rückt sie mit der Sache heraus. Und erst dann wir uns klar, dass wir für den Fehler, den wir vor einiger Zeit gemacht haben (und es war wohl einer!), noch immer büßen müssen.

Entscheidungsneurosen

Manche Frauen tun sich unendlich schwer mit Entscheidungen. Es ist einerseits die Angst, eine Entscheidung zu treffen, die sich nicht rückgängig machen lässt – andererseits auch das diffuse Gefühl, etwas im Leben zu verpassen, wenn man sich festlegt. „Die Braut, die sich nicht traut" – der witzige Film mit Julia Roberts – wirft ein Schlaglicht darauf, wobei es ja hier um eine in der Tat wichtige Entscheidung „fürs Leben" geht. Frauen können von solchen Entscheidungsneurosen aber

Jede Frau ist eine „Braut, die sich nicht traut".

auch bei für uns völlig unbedeutenden Problemen heimgesucht werden. Etwa bei der Frage, ob sie nun die weißen Riemchensandalen in Geschäft A oder Geschäft B nehmen soll – obwohl die Schuhe in unseren Männeraugen identisch sind. Auch da hilft wieder nur Verständnis und Geduld. Manchmal dauern die Entscheidungen von Frauen vielleicht länger – dafür haben sie meist aber auch Hand und Fuß. Und auch die „Braut, die sich nicht traut" hat es am Ende ja richtig gemacht.

Harmoniestreben

Wenn eine Frau sich erst einmal für einen Mann entschieden hat, hat sie eine größere Tendenz zur Erhaltung des Bewährten als ein Mann. Man könnte es auch als Harmoniebedürfnis bezeichnen. Eine Störung der Harmonie empfindet sie gleichzeitig als Störung der Sicherheit. Dahinter stecken archaische Gefühle und Instinkte, die zwar mit unserem heutigen Rollenverständnis nichts mehr zu tun haben, aber unterbewusst immer noch wirken. Sabine (38)

aus Frankfurt sagt: „Ein Streit kann mich nicht nur krän-
ken, sondern auch richtiggehend krank machen. Wenn er
dann vielleicht wütend die Tür knallt und davonzieht, frage
ich mich: ‚War's das jetzt? Habe ich ihn jetzt für immer verloren?' Egal, ob das zum ersten Mal
oder zum hundertsten Mal passiert –
aber diese latente Angst ist immer da."
Während im Mann das urzeitliche
„Ich-muss-die-Familie-ernähren"-Programm abläuft,
tackert im Hintergrund des Frauengehirns das Programm:
„Werde ich morgen noch ernährt? Was passiert, wenn er
weg ist?" (Wir reden gerade von Prozessen, die unterbewusst ablaufen.) Sabine: „Bei mir kommen Gefühle der Ver-
zweiflung hoch, wenn ich merke, dass er mit mir unzufrieden ist. Das klingt bescheuert, denn ich bin ein
beruflich und finanziell total unabhängiger Mensch. Trotzdem fühle ich mich dann so."
Wir Männer müssen wissen, dass ein Streit für uns meist
eine viel oberflächlichere Geschichte ist als für unsere Partnerin. Wir gehen eben einfach davon aus, dass sich das wieder einrenkt – früher oder später. Ein gutes Mittel, um Ihrer
Partnerin die Sicherheit zu geben, die sie braucht – auch
wenn es manchmal fast unmenschliche Überwindung kostet: Bevor Sie wütend von dannen ziehen, gehen Sie auf Ihre
Frau zu, schauen ihr in die Augen und sagen Sie so etwas
wie: „Ich bin so was von sauer, mir dreht sich der Magen
um, ich kann jetzt echt nicht mehr mit dir reden, ich muss

**Ein Streit kann
existenzbedrohend
wirken.**

jetzt raus. Ich liebe dich aber, Streit hin oder her." Klar, Sie empfinden das in dem Moment nicht so. Sagen Sie es trotzdem. Es wird Ihre Frau magisch an Sie binden und sie darin bestätigen, dass Sie genau derjenige sind, den sie will.

Shopping

Ein treffender Spruch lautet: „Ein Mann zahlt ohne mit der Wimper zu zucken zwei Euro für ein Teil, das nur einen Euro kostet, wenn er es dringend braucht. Eine Frau zahlt einen Schnäppchen-Euro für ein Teil, das früher zwei Euro kostete, obwohl sie es überhaupt nicht braucht." Männer sind Versorgungskäufer. Sie besorgen sich das, was sie dringend brauchen. Und wenn der Einkauf in 45 Minuten erledigt ist, war es gut. Bei Frauen ist es anders. Sie kaufen ein, weil sie etwas erleben und Spaß haben wollen – darum nennen Experten sie Erlebniskäufer. Oder sie shoppen aus

Frauen sind Erlebniskäufer.

Frust. Beide Kategorien sind natürlich nicht trennbar: Was als Frustkauf beginnt, kann sich in einen orgiastischen Erlebniskauf steigern, einen wahren Kaufrausch. Wenn Sie dafür die Kreditkarte des Mannes benutzen kann, gleicht sich das Frustpotenzial umso schneller wieder aus. Aber natürlich zahlen sie auch selbst – allerdings wollen sie hinterher am liebsten gar nicht mehr an den Preis denken.

Beliebteste Trophäen: Schuhe und Handtaschen. Selbst die Durchschnittsfrau um Mitte Dreißig hat rund 25 Paar Schuhe zu Hause, die alle gar nicht so alt sind. Wir Männer kommen mit drei bis fünf Paar aus – wobei wir zwei Paar davon sowieso schon längst nicht mehr anziehen. Sie stehen nur da zur Tarnung, und damit wir wenigstens auch ein winziges Stückchen des Schuhregals für uns beanspruchen können.

Sauberkeitsfimmel

Mehr Frauen als Männer leiden unter einem Sauberkeitsfimmel: Die Bücher müssen millimeterexakt wie die Soldaten im Regal stehen. Wenn man die Wohnung betritt, wird man gezwungen, die Schuhe auszuziehen – auch wenn sie nagelneu sind. Auf dem Klo hängen witzig gemeinte Schildchen, die zum Sitzpinkeln auffordern. Sämtliche Fernbedienungen werden mit einer Plastik-Schutzhülle gegen Verstauben überzogen. Nach dem Duschen wischt sie die Kacheln im Bad trocken – als ob die aus Zucker wären. Und so weiter und so fort.

Wenn die Frau eine Party gibt, freut sie sich einerseits über Besuch, andererseits hat sie Panik vor dem Schmutz, den die Leute an ihren Schuhen hereintragen. Sobald die Gäste weg sind, wird dann der Boden feucht gewischt. Nehmen Sie es als Mann nicht so ernst: Solche Frauen leben in ihrem ganz eigenen „Sauberkeitsuniversum" – in dem aber auch nur das als „schmutzig" erkannt wird, was die Frau einmal so definiert hat. Anderer offensichtlicher Dreck wird dafür ausgeblendet. So hält sie vielleicht weniger vom Händewaschen – auch wenn sie gerade den Hamsterkäfig ausgemistet hat, und fährt Ihnen dann zur Begrüßung mit den Fingern durch die Haare. Oder sie hockt sich in eine speckige Kneipe und geht dann schnurstracks mit denselben Klamotten ins Bett. Oder was auch immer. So komische kleine Angewohnheiten, die der andere nicht besonders toll findet, hat jeder von uns. Man kann auch nicht viel dagegen tun, außer es offen und ehrlich ansprechen: „Du, ich finde das eigentlich nicht besonders hygienisch, wenn du …" Wenn Sie so einen oder einen ähnlichen Satz hören – dann können Sie davon ausgehen, dass es Ihre Partnerin tatsächlich bedrückt. Nehmen Sie es ernst, kommen Sie hier und da ihren kleinen Macken entgegen – sagen Sie aber auch selbst, wenn Sie etwas stört.

Endlos viele Dinge im Bad

Mein Freund Christoph sagt: „Ich habe sechs Sachen im Bad: Zahnbürste, Seife, Shampoo, Rasierer, Rasierschaum und ein Eau de Toilette. Meine Freundin hat ungefähr 200 Dinge im Bad stehen: Fläschchen, Tuben, Cremes, Lippenstifte, Nagellack und unzählige Mittelchen, von denen ich nicht mal weiß, wozu sie

Der Frauenkörper braucht viel „Wartung".

gut sind." Ich glaube, so ähnlich geht es uns (fast) allen. Das Bad gehört zum Revier der Frau – wir sind darin nur geduldet. Sorgen machen sollten wir uns deshalb nicht. Wir sollten nicht einmal darüber nachdenken. Man kann an einem physikalischen Urgesetz nichts ändern. Und so ist es auch hier: Frauen sind eben so. Und eigentlich müssen wir uns dafür bedanken. Denn nicht wenig, was sie ihrem Körper angedeihen lassen – Bodylotion, Enthaarung, Peeling, Gesichtsmaske und so weiter – tun sie ganz zielgerichtet: für uns Männer.

Ihre Menstruation

Periodisch alle vier Wochen wird die Frau von einer merkwürdigen „Krankheit" heimgesucht, die man Menstruation nennt. Neben dem Hauptsymptom (Blut, Schmerzen im Unterbauch) kann sie einhergehen mit extremen Stimmungsschwankungen, Reizbarkeit, Wutausbrüchen, Depression – aber auch gesteigerter Liebesbedürftigkeit, Schmuseanfällen bis hin zu plötzlich auftretender sexueller Gier (eher gegen Ende oder kurz nach Ende der Menstruation).

Was geht da vor? Nun, was da biologisch passiert, dürfte ja hinlänglich bekannt sein, deshalb hier in gebotener Kürze: Die Menstruation markiert das Ende eines komplexen Wechselspiels im weiblichen Körper – und gleichzeitig den Anfang des nächsten. Das Ei war von den Eierstöcken in die Gebärmutter gewandert. Die Gebärmutterschleimhaut hatte sich verdickt und mit Nährstoffen angereichert, um für die (befruchtete) Eizelle eine optimale Umgebung zu schaffen. Wenn es dann nicht zur Befruchtung durch eine männliche Samenzelle kommt, werden diese Ressourcen aber nicht gebraucht und am Ende des Zyklus bei der Menstruation ausgeschieden. Gleichzeitig gehen hormonelle Signale an die Eierstöcke, die eine neue Eizelle heranreifen lassen – und bald erneut auf die ungewisse Reise schicken. Im Durchschnitt dauert dieser Zyklus 28 Tage, und eine Frau durchlebt im Laufe ihres Lebens etwa 500 davon. Es beginnt mit der ersten Menstruation (Menarche), meist im Alter zwischen elf und 13 Jahren und endet mit der Menopause, meist zwischen dem 45. und 55. Lebensjahr.

Im Laufe ihres Lebens hat eine Frau etwa 500 Regelblutungen.

Was uns Männern oft stärker auffällt, als die eigentlichen „Tage", sind die damit verbundenen Stimmungs-Achterbahnfahrten. Grundsätzlich ist das weibliche Gehirn ohnehin schon einem hochprozentigen Hormoncocktail ausgesetzt, wie die amerikanische Neurophysiologin Louann Brizendine in ihrem nicht unumstrittenen Buch „Das weibliche Gehirn" (↑ Literatur, S. 163) recht eindringlich beschreibt. Während der „krisenhaften" Tage der Menstruation wird eben alles nur noch viel schlimmer.

Zwar ist die Menstruation natürlich keine Krankheit (das war ein Scherz), aber eine kleine Krise für den Körper ist es schon. Immerhin werden während dieser Zeit 50 bis 200 Milliliter Blut, Sekrete und Ablösungen der Gebärmutterschleimhaut aus dem Körper herausgespült, der Hormonstoffwechsel stellt sich radikal um, und es werden bereits die Vorbereitungen für den nächsten Eisprung getroffen. Extrem komplexe Mechanismen greifen ineinander. Der

Körper der Frau funktioniert als hochkompliziertes Instrument, gegen das ein Space-Shuttle eine lächerliche Flugkiste ist. Da wäre es ein Wunder, wenn das Ganze nicht ein wenig auf das Verhalten und die Psyche durchschlagen würde.

An den subtil ausbalancierten hormonellen Abläufen im weiblichen Körper sind unter anderem folgende „Mitspieler" beteiligt: Eierstöcke, Gebärmutter, Hirnanhangdrüse (Hypophyse), Hirnrinde, Hypothalamus (Teil des Zwischenhirns). Wie in einem feinen Uhrwerk greifen alle diese Regelkreis-

PMS – eine Erfindung der Ärzte für ein ganzes Bündel von Beschwerden.

läufe ineinander. Falls aber nur ein winziges Zahnrädchen zu schnell oder langsam läuft, kommt die Uhr aus dem Takt. Ein erhöhter Östrogenspiegel kann etwa Reizbarkeit hervorrufen, zu viel Progesteron verursacht eher eine depressive Verstimmung. Auch ein Mangel an Endorphinen, eine zu starke Erhöhung des Prolaktin-Spiegels oder ein Defizit an Vitamin B6 können auf Körper und Seele durchschlagen. Die Ursachen und Symptome sind so vielfältig und im Einzelnen oft nicht durchschaubar, dass Ärzte sie gern unter einem Sammelbegriff zusammenfassen: PMS – prämenstruelles Syndrom.

Wenn eine Frau für uns unerklärlicherweise und grundlos extrem „zickt", grummeln wir Männer dann schon mal und fragen böse, ob sie vielleicht ihre Tage bekommt oder ihr prämenstruelles Syndrom hat. Bedenken Sie: Den Hormonkreisläufen in unserem Körper sind wir alle ziemlich machtlos ausgeliefert. Und der weibliche Körper ist nun mal kein robuster Dieselmotor, der immer gleichmäßig läuft. Nehmen Sie die Beschwerden Ihrer Frau oder Freundin deshalb ernst und unterstützen Sie sie – auch wenn sie Ihnen das Leben gerade besonders schwer macht. Später wird sie es Ihnen danken.

Schräge Theorien und Aberglauben

Schon seit frühester Zeit beschäftigten sich – vorwiegend Männer – mit dem Phänomen der Menstruation, und dabei kamen allerhand „schräge" Theorien zustande. Aristoteles etwa meinte, die Menstruation bei der Frau sei nötig, um das überschüssige Blut aus dem Körper zu befördern, das sich bei beiden Geschlechtern bilden würde. Weil der Mann aber „wärmer" sei als die Frau, könne er dieses Blut „kochen" und als Samen freisetzen, die Frau aber nicht. Und viel, viel später taxierte Jean-Jacques Rousseau die Menstruation als „verderbliche Auswirkung der Zivilisation" auf die Frau – hervorgerufen durch zu viel Essen, zu wenig Bewegung und eine restriktive Sexualität.

Im Aberglauben spuken bis heute viele Mythen in Zusammenhang mit dem Menstruationsblut herum: Es würde Milch gerinnen lassen, Bier und Wein sauer machen, junge Pflanzensetzlinge verderben usw. Und die Religionen haben hier gar nichts zur Aufklärung beigetragen, stattdessen die Menstruation ebenfalls tabuisiert und menstruierende Frauen von vielen rituellen Tätigkeiten ausgeschlossen – bis heute.

Sex während der Tage

Wissenschaftlich gesehen gibt es nichts, was diesen Aberglauben stützen würde. Im Menstruationsblut sind normalerweise keine anderen Stoffe enthalten (nur einige zusätzliche, harmlose Abbauprodukte) als in normalem Blut auch. Sex während der Tage ist einfach eine Frage der Ästhetik. Wenn es weder Ihre Partnerin noch Sie stört, spricht nichts dagegen. Nur technisch ist es in der Kernzeit der Menstruation einfach umständlich – wenn zu viel Blut im Spiel ist. Gegen Ende der Menstruation aber entwickeln manche Frauen richtig Heißhunger auf Sex.

Sex während der Tage ist nur eine Frage der Ästhetik.

Gut zu wissen: Die Menstruation ist kein kontinuierlicher Fluss, sondern kommt meist stoßweise. Und so eine Pause können Sie dann beide nutzen. Dass dazu Körperhygiene gehört – eine Dusche vorher, eine danach – versteht sich, glaube ich, von selbst. Eins müssen Sie in Zusammenhang mit dem Menstruationsblut aber schon bedenken: Genauso wie alle anderen Körperflüssigkeiten kann es sexuell übertragbare Krankheiten wie Hepatitis B oder HIV transportieren. Aber so etwas Intimes wie Sex während der Tage macht man ja eigentlich nur mit jemandem, dem man sehr nahesteht und den man sehr gut kennt.

2 Modellvarianten

Wie Ihr Modell „Frau" genau ausgeformt ist, hängt von sehr vielen Varianten ab. Das „Produkt", das Sie erhalten, kann deshalb letztlich in seinem Verhalten eine enorme Bandbreite aufweisen: von der treuen familienliebenden Hausfrau, die sich freut, wenn sie Ihre Grundbedürfnisse befriedigen kann (und vielleicht noch ein paar mehr) – bis hin zur männersaugenden Vampirfrau, die Sie seelisch und körperlich auslutscht und dann – wenn Sie erschöpft sind – am Wegrand zurücklässt und neuen Abenteuern entgegenzieht. Da die meisten Männer für eine Dauerpartnerschaft keine Extreme suchen, sondern den guten Mittelweg, lohnt es sich, auf den kulturellen, familiären und individuellen Background der Frau zu achten – und natürlich, auf die Zeichen, die sie aussendet.

Bildung, Alter, kultureller Hintergrund

Es gibt einen forschen Spruch, der lautet: „Ein kluger Mann braucht (entweder eine sehr dumme Frau oder) eine Frau, die noch schlauer ist als er." Ich will nicht allzu sehr in diese Klischeekerbe hauen, aber irgendetwas scheint dran zu sein. Fakt ist, dass uns eine Frau, die uns ständig intellektuell unterfordert, schnell langweilig wird. Eine Frau aber, die uns mindestens ebenbürtig ist, fordert uns heraus und gibt uns Aufgaben. Und das ist es doch, was wir brauchen, wenn wir nicht träge und fett werden wollen. Ich glaube aber nicht, dass wir Männer uns deswegen allzu große Sorgen machen müssen. Bei den meisten Paaren, die ich kenne, ist es ohnehin so, dass die Frauen die Strippen ziehen. Die Frau denkt, der Mann lenkt (manchmal nur den Wagen) – wenn Sie so wollen.

Ein kluger Mann braucht eine Frau, die ihn fordert.

Auch das Alter spielt natürlich eine Rolle. Sicher, hier sind alle möglichen Varianten denkbar, aber ein (kleiner) Altersabstand von drei bis fünf Jahren zwischen Mann und Frau hat sich in der Praxis als ideal erwiesen. Bedenken Sie: Eine Frau der gleichen Generation hat die gleiche Sozialisation wie Sie: Sie kennt die gleiche Musik, ist mit den gleichen Filmen aufgewachsen, hatte als Teenager vielleicht die gleichen Popstar-Poster im Zimmer hängen und hat die gleichen Bücher gelesen. Das alles sind natürlich keine Voraussetzungen für eine funktionierende Beziehung – aber es kann helfen. Und auch in fortgeschrittenem Alter, wenn die Beziehung schon das eine oder andere Jubiläum hinter sich hat, ist es sicher nicht schlecht, wenn beide die gleichen „Sex-im-Alter"-Bücher lesen können. Wenn er dagegen schon die doppelte Viagra-Dosis braucht, während sie das Buch „Heiß mit Mitte Dreißig" verschlingt, dürfte ein leichtes Ungleichgewicht vorhanden sein. Dennoch: Die wahre Liebe lässt sich auch durch einen Altersunterschied nicht bremsen, das werden Sie sicher merken, wenn Sie in die Situation kommen.

Und schließlich spielt auch der kulturelle Hintergrund eine nicht unbedeutende Rolle. Sascha (37) aus Hannover schilderte mir neulich die dramatische Trennung von seiner Frau, die letztlich darin endete, dass seine Ex „abtauchte" und die Kinder jetzt bei ihm leben. Verblüfft fragte ich: „Stammt Ihre Frau vielleicht aus einem anderen Kulturkreis?" Darauf er: „Ja, aus Rosenheim!" – Na ja, so ist es natürlich nicht gemeint. Wenn Sie sich aber tatsächlich in eine Frau aus einer „anderen Welt" verlieben, sind einige Probleme sicher vorprogrammiert. Schon eine US-Amerikanerin hat ganz andere „habits" als eine Mitteleuropäerin, an die wir uns erst gewöhnen müssen. Viel krasser sind die kulturellen Gegensätze noch bei, sagen wir, Frauen aus

Das Spiel zwischen Mann und Frau funktioniert überall auf der Welt nach dem gleichen Muster.

Asien, Afrika oder Lateinamerika – um nur Beispiele zu nennen. Wenn Sie eine solche Partnerschaft eingehen – erwarten Sie nicht, dass es einfach wird. Probleme offenbaren sich erst im Lauf der Zeit. Aber auch hier gilt: Realisieren Sie einerseits die möglichen Schwierigkeiten, lassen Sie sich davon aber auch nicht unnötig abschrecken. Wenn es Liebe ist, werden Sie den Weg erfolgreich gehen. Bedenken Sie: Es gibt zwar kulturelle Unterschiede, die recht ausgeprägt sein können. Viel ausgeprägter aber sind die Gemeinsamkeiten der Menschen auf diesem Planeten. Ein Lachen ist ein Lachen, und das Spiel zwischen Mann und Frau funktioniert fast überall auf der Welt nach dem gleichen Muster.

Selbstwertgefühl

Die wichtigste Komponente für ein geglücktes Zusammenleben, wichtiger als Herkunft und Sozialisation, ist die psychische Ausstattung der Partner. Eine in der Psychologie gängige und für die Praxis sicher relevante Unterscheidung, ist die Aufteilung in LSE- und HSE-Typen. LSE meint „lowself-esteem", also geringes Selbstwertgefühl, HSE steht für „high self esteem", also hohes Selbstwertgefühl. Eine HSE-Frau kann uns in den siebten Himmel befördern, eine LSE-Frau kann einen in der ewigen Hölle schmoren lassen – wenn man nicht aufpasst.

Nicht missverstehen: LSE- und HSE-Typen gibt es bei Frauen und Männern gleichermaßen, und sicher sind Menschen mit ausgeprägten Psychodefekten eher selten. Es gibt also zum Glück viel mehr Frauen, die uns beflügeln, als solche, die uns in Abgründe ziehen. Wenn aber bei Ihnen beim Lesen der folgenden Absätze die roten Warnlampen angehen, dann wahrscheinlich zu Recht.

Bei einer LSE-Frau ist das innere Gleichgewicht verrutscht. Irgendetwas in ihrer Vergangenheit ist passiert, das sie in die falsche Spur gebracht hat – das kann ein weit zurückliegender Missbrauchsversuch in der Kindheit sein, eine traumatische Ex-Beziehung oder etwas völlig anderes. Gemeinsam ist diesen Frauen, dass sie bestimmte Elemente ihres Erlebens nicht in ihr Selbstbild integrieren können. Irgendwas in ihnen ist „verrückt" und passt nicht mehr zusammen. Ein Hinweis kann ein gestörtes Verhältnis zu ihrem

Elternhaus sein und wie sie über ihre Mutter und ihren Vater spricht. Oft haben diese Menschen nämlich in der Kindheit schwere Demütigungen und Enttäuschungen erlebt.

Eine LSE-Frau liebt sich selbst nicht, und darum kann sie auch Sie nicht lieben. Indiz 1: Sie ist unfähig, gute Behandlung und Komplimente wirklich anzunehmen. Wenn Sie ihr ein ehrlich gemeintes Kompliment machen, wird sie es wahrscheinlich als „Verarschung" zurückweisen. Indiz 2: Sie kann Ruhe und Harmonie über eine längere Phase hinweg nicht ertragen, weil die destruktiven Elemente in ihr zu groß sind. Sie ist wahrscheinlich unfähig, mit Ihnen einen ruhigen gemütlichen Nachmittag am Strand zu verbringen. Indiz 3: Sie ist egozentrisch bis narzisstisch und kreist nur um sich selbst. Wie es ihrem Partner geht, ist für sie zweitrangig, im Mittelpunkt steht immer und ausschließlich ihr eigenes Befinden. Wärme, Vertrauen und Verlässlichkeit kann man bei ihr niemals finden. Romantik und Liebe sind zwar etwas, wonach sie sich sehnt, aber nie wirklich fühlt und zurückgeben kann. Indiz 4: Sie ist ständig auf der Suche nach Anerkennung, Aufmerksamkeit und Bestätigung. Äußern kann sich das vielfältig. Vielleicht zieht sie abends durch die Bars und macht das Erobern und Abservieren von Männern zu ihrem Hobby. Oder sie stürzt sich in die Karriere, in eine Arbeit, aus der sie wie eine Süchtige ihre Anerkennung zieht. Sie

> **Manche Frauen befördern uns in den Himmel, andere lassen uns in der Hölle schmoren.**

arbeitet dann nicht, wie jeder von uns, sondern sie arbeitet wie eine Wahnsinnige. Falls sie ausnahmsweise einmal nicht wichtig sein sollte, macht sie sich wichtig. Indiz 5: Manipulatives Verhalten und Lügen sind für sie zu einer Selbstverständlichkeit geworden.

Ok, zum Glück gibt es nicht allzu viele davon! Kommen wir zur schönen Seite, zu den HSE-Frauen. Das sind die Frauen, mit denen man zusammen etwas aufbauen kann, mit denen man gemeinsamen Lebenszielen entgegengehen kann – oder auch nur einer zweitägigen Bergtour. Mit HSE-Frauen ist alles schöner, weil sie mit sich im Reinen sind und ein inneres Gleichgewicht haben. Sie benutzen uns nicht als Kompensation oder Blitzableiter für ihre eigenen Probleme, sie sind nicht die Hilflosen, sondern die Helfer. Auch bei der HSE-Frau lohnt sich ein Blick auf ihre Herkunft, ihre Familie: Meist wird alles ok sein, oft sogar sehr herzlich zwischen allen Mitgliedern ihrer Familie. Weitere Hinweise: Sie geht rücksichtsvoll mit ihrem Partner um und versucht, ihn zu verstehen. Sie ist zurückhaltend und bescheiden, auch wenn sie toll im Beruf ist. Sie kombiniert erfolgreich verschiedene Aspekte ihres Lebens: Familie, Beruf, Hobbys, Liebe und Leidenschaft. Und sie lügt und manipuliert nicht. Die meisten dieser Frauen sind in dauerhaften, erfolgreichen Beziehungen gebunden. In den zahllosen Partnerbörsen des Internets sind sie unterrepräsentiert. Also, wenn Ihnen das Schicksal eine HSE-Frau beschert und Sie sich verlieben, sollten Sie nicht lange zögern. – Aber verlieben Sie sich nie in eine LSE-Frau. Falls es doch passiert, werden Sie ein Stück von der Hölle kennenlernen.

Emanzipationsgrad

Viel stärker als in vielen anderen (auch europäischen) Ländern lassen sich die deutschen Frauen nach dem „Emanzipationsgrad" differenzieren. Soll heißen: Wie hat die intellektuell geprägte Emanzipationsbewegung, die ab Ende der 1960er Jahre das Land mit Büchern, Artikeln, Kampfschriften und Filmen überrollte, sie beeinflusst? Spielerisch und nicht todernst gemeint lässt sich das ein wenig in „Generationen" einteilen:

E-Typ 4 (etwa bis 35 Jahre): Neoemanzipierte Frauen, die eher mit MTV und Viva, als mit „Emma" aufgewachsen sind. Über Rap-Videos, in denen Frauen als Gebrauchsobjekte „erniedrigt" werden, können sie nur schmunzeln. Sie haben keine Angst, von den Männern dominiert zu werden, weil sie ihre eigenen Stärken ganz genau kennen – und dazu gehören für sie neben Verstand, Durchsetzungsvermögen und Zielstrebigkeit auch die „klassischen Waffen" der Frau. Auf die theoretischen Dogmen der Emanzipation pfeifen sie, weil sie in der Praxis schon viel weiter sind. Das sind tolle Frauen, mit denen man das schöne Spiel der Geschlechter in voller Bandbreite ausleben kann. Und zur vollen Bandbreite gehört auch das Leiden und der Liebeskummer – beim Mann!

E-Typ 3 (etwa zwischen 35 und 45 Jahren): Postemanzipierte Frauen, die erste Generation von Frauen, für die die Thesen und Errungenschaften der Frauenbewegung schon selbstverständlich waren. Darum haben sie ihnen auch nicht mehr so viel Gewicht beigemessen. Emanzipation ist für diese Frauen nichts, was man sich erkämpfen muss, sondern eine Selbstverständlichkeit. Für ihr Lebensmodell haben sie sich ganz bewusst entschieden, ob sie nun den Karriereweg gingen, Hausfrau und Mutter wurden oder beides. Es sind Frauen, die gern flirten und das Spiel der Geschlechter virtuos spielen. Auch das sind tolle Frauen.

||| Alice im Männerland

Neulich sah ich im TV ein Interview von Alice Schwarzer in der Wiederholung einer Talkshow aus den 1970er Jahren. Ein selbstgefälliger und schlecht formulierender Interviewer nervte die Journalistin mit derart chauvinistischen und oberflächlichen Fragen, dass man heute nur noch den Kopf schütteln kann. Der Ärger der Frauen damals war mehr als gerechtfertigt.

E-Typ 2 (ab Mitte 40 und älter): Sie standen in der ersten Reihe der Emanzipationsbewegung, haben sich aber seitdem ständig mit dem Wandel der Gesellschaft auseinandergesetzt. Sie wissen, dass sie damals (fast) alles richtig gemacht haben, ihnen ist aber auch klar, dass man heute das eine oder andere differenzierter sehen muss. Die Urmutter der Emanzipation in Deutschland, Alice Schwarzer, gehört in diese Gruppe. Zu diesem Typ der konsequent emanzipierten Frau passt nur ein ebenso konsequent „efrauzipierter" Mann. (Diese Generation hat eine Menge Spaß verpasst, weil sie versucht hat, die Mann-Frau-Polarität zu leugnen. Heute wird versucht, nachzuholen.)

E-Typ 1 (ebenfalls ab Mitte/Ende 40): Emanzen der ersten Stunde, die vieles damals für sich neu und erstmalig erkämpft haben. Sie sind stolz auf ihre Leistung, haben auch einiges dafür geopfert und beharren deshalb auch heute noch auf den Positionen von 1970, obwohl die Gesellschaft (besonders die Männer) sich längst davon wegbewegt haben. Weil aus ihrem Weltbild ein Zerrbild geworden ist, sind sie nur mit recht wenigen Männern kompatibel. (Zum Glück selten.)

Klischeetypen: von Blondine bis Vamp

Es gibt natürlich noch viele weitere, zum Teil klischeehafte Kategoriebildungen, die aber durchaus unsere Kommunikation mit einer Frau und unser Verhalten ihr gegenüber beeinflussen können. Die bekanntesten Klischeetypen sind die Blondine und der

Die meisten Männer würden eine Brünette wählen.

Vamp. Im Spannungsfeld dazwischen finden die meisten

Männer ihre Partnerin. (Befragungen zeigen, dass Männer sich als Gefährtin fürs Leben am ehesten eine Brünette wählen würden.) Blondine und Vamp markieren also in gewisser Weise Extreme, denen man als Mann schon gern mal näherkommt – aber nur temporär.

Blondes Dummchen, blondes Gift

In der Antike, bei den Griechen und Römern, war Blond die Haarfarbe der Helden und Götter. Das Haupt von Statuen wurde vergoldet oder wenigstens mit gelben Pigmenten behandelt. Und von den blonden Germanen importierten die Römer Haare, die sie ihren Damen zur Einarbeitung als „Extensions"

Blond war die Haarfarbe der Helden und Götter. Schwarz steht für den Vamp.

übergaben. Psychologen haben festgestellt, dass Blondinen auf Männer ehrlich und vertrauenerweckend wirken. In Märchen und Mythen sind die Guten fast ausschließlich blond. In der modernen Zeit hat sich – angeschoben vor allem durch Hollywood-Filme – ein Stereotyp herausgebildet, das unterstellt, blonde Frauen seinen naiv, nicht besonders intelligent (Blondinenwitze) und „leicht zu haben". Wenn hohe Attraktivität dazukommt, wird sie zur „Sexbombe", setzt sie die Waffen der Frau gezielt und kalkuliert ein, ist sie „blondes Gift". Allein diese Bandbreite der Eigenschaften zeigt schon, dass die „Blondine" eher ein Mythos als ein realer Frauentyp ist.

Der Vamp

Am anderen Ende der Farbskala steht der Vamp oder die Femme Fatale. Sie ist die „Hexe" oder die magisch-dämonische, männerverschlingende Verführerin. Unterstellt werden ihr Intelligenz und Gefühlskälte, große manipulative Fähigkeiten und eine weitgehend selbstbestimmte Sexualität, die Männer nur benutzt. Im Film wird diese „gefährliche" Frau meist schwarzhaarig dargestellt. Der Ur-Vamp stammt aus einem Stummfilm des Regisseurs Robert Wiene („Genuine", 1920). Der Film, der heute eher komisch wirkt, zeigt eine Frau, die das Blut der Männer, die ihr verfallen, trinkt.

Vamp, Hexe oder Voodoo-Göttin, das Schwarze scheint für manche etwas Bedrohliches zu haben: Umfragen bei Männern zeigen, dass sich tatsächlich die wenigsten eine schwarzhaarige Frau als Dauerpartnerin wünschen – trotz der großen sexuellen Ausstrahlungskraft eines echten Vamps. Den Mythos der hocherotischen Schwarzhaarigen, die man sich zwar gern als Pin-up-Girl in den Spind oder über den Schreibtisch hängt, aber von der man doch besser die Finger lässt, hat neuerdings die (eigentlich naturblonde) amerikanische Stripkünstlerin Dita von Teese (richtiger Name: Heather Sweet) wieder aufleben lassen.

Die Temperatur der Frauen

Sind wir ehrlich, so scheinen die Kategorien „Blondine" und „Vamp" außer etwas Amüsement recht wenig fürs tägliche Leben zu bringen. Der Ansatz, den der amerikanische Autor David Deida (↑ Literatur, S. 163) wählt, bringt uns vielleicht ein Stück weiter. Er schreibt, jede Frau hat ihre ganz eigene „Temperatur", die einen Mann entweder heilen oder verstören kann. Unterschiedliche Frauen, so Deida, strahlen unterschiedliche Arten von Energie aus. Manche Frauen haben eine kühlende, beruhigende Wirkung auf den Mann, sie wirken wie „ein Glas Eistee an einem heißen Sommertag". Blonde,

Jede Frau hat ihre ganz eigene „Temperatur".

hellhäutige und japanische Frauen seien im Allgemeinen kühler, meint Deida. Schwarzhaarige, Rothaarige und Brünette dagegen eher aufbrausend und temperamentvoll. Sie treiben uns an wie ein heißer Wüstenwind. Welcher Typ nun zu Ihnen passt, hängt auch stark von Ihrem eigenen Gemüt ab. Gerade besonders behäbige Männer, erwachen eben erst nach einem Tritt in den Hintern. – Und damit hat der erfahrene Partnerschaftscoach sicher nicht unrecht.

3 Sechs Frauentypen für die Praxis

Auf der Basis des im vorigen Kapitel Gesagten nun sechs Frauentypen, die uns im täglichen Leben öfters begegnen. Alle oben genannten Merkmale spielen hier in unterschiedlicher Ausprägung mit hinein. Die lebensnahe Typisierung hat jedoch keinen Anspruch auf Vollständigkeit.

Die Vielfältige

Diese Frau ruht nicht sehr in sich selbst. Sie ist wandlungsfähig wie ein Chamäleon und möchte es jedem recht machen. Bei ihren Freunden und Bekannten ist sie sehr beliebt, weil sie so „unproblematisch" ist. In ihrer Beziehung lässt sie den Mann die erste Geige spielen, arbeitet aber fleißig und zielstrebig im Hintergrund. Sie überkompensiert ihr eher schwach ausgeprägtes Selbstbewusstsein nicht mit anderen Marotten (außer Kleinigkeiten), sondern kann sich selbst schon recht gut einschätzen. Als Verführerin kann sie umwerfend sein – denn ihre Wandlungsfähigkeit kommt ihr auch hierbei sehr zugute. Meist ergreift sie aber nicht die Initiative, sondern lässt sich verführen. Bei ihr funktionieren sämtliche Methoden der Verführungskunst – bis ins Klischeehafte. Sie lässt es zu und genießt es. Auf Dauer ist sie in einer Beziehung eher unbeständig, sie ist latent unglücklich und sucht neue Bestätigung. Nur ein Mann, der ihre Schwäche und ihre Sehnsüchte kennt, kann sie halten. Aufpassen: Beim ersten Kennenlernen ist sie leicht zu verwechseln mit der Traumfrau schlechthin, der starken-sanften Frau.

> ||| **TIPP**
> Wenn Sie ein dominanter und unkomplizierter Mann sind, kann das eine tolle Partnerin für Sie sein, denn sie wird Ihnen folgen und vertrauen.

Die Drama-Queen

Sie ist ein anstrengender Typ mit Zuckerseiten. Die Drama-Queen ist zickig bis zänkisch einerseits, hat aber andererseits eine hohe sexuelle Energie, die befreit werden will. Ihre „Launenhaftigkeit", ihr „Prinzessinnengehabe" äußert sich häufiger als bei anderen Frauen in Schmollen, Beleidigtsein und vorübergehendem Weglaufen. Das meiste

Ein anstrengender Typ mit Zuckerseiten.

davon gehört für sie zum Spiel, es ist „Drama". Sie erwartet von einem Mann, dass er sie besänftigt, beruhigt, in den Arm nimmt. Letztlich, dass er ihr beweist, dass er ihr Mann ist, indem er mit ihr schläft. Das Leben mit einer Drama-Queen ist nie langweilig, als Partnerin auf Dauer ist sie anstrengend. Denn auf ihre theatralischen Rituale wird sie nie verzichten. Sie ist ein sehr emotionaler Mensch und das zeigt sie immer und überall. Auch im Bett. Und darum kann der Sex mit ihr großartig sein. Bei keiner anderen Frau spürt man so sehr, wie Schmerz, Leid, Liebe und Sex zusammenhängen. Versöhnungssex nach einem Streit ist ihre Erlösung – bis der Kreislauf von Neuem beginnt.

> ||| **TIPP**
> Wenn Sie ein humorvoller, geduldiger und emotionaler Mann sind und dabei Sinn für Drama haben, kann diese Frau Sie komplettieren. Sogar für den Rest des Lebens. Langweilig wird es nicht.

Die Selbstbezogene

Wie der Name schon sagt, kreist sie mehr um sich selbst, als sich Gedanken über irgend etwas anderes zu machen, sei es ihr Partner (den sie natürlich auch will), eine Familie oder gemeinsame Lebensprojekte. Sie hat Schwierigkeiten damit, zu teilen, zu delegieren und sich fallen zu lassen. Auf uns Männer wirkt sie oft wie eine „zu starke" Frau, weil sie ganz und gar nicht an unseren Beschützerinstinkt appelliert. Dieses Spiel hat sie einfach nicht in ihrem Repertoire. Sie erscheint nach außen stark, hat aber in Wirklichkeit kein gut ausgeprägtes Selbstbewusstsein. Ihre Anerkennung und ihre Bestätigung zieht sie nicht aus ihrem „Sein", sondern aus ihren Aktivitäten. Die Selbstbezogene lebt sich häufig als Karrierefrau aus und stürzt sich dann fast süchtig in die Arbeit (Der Umkehrschluss gilt nicht: Nicht jede Karrierefrau gehört zu diesem Typ!). Anerkennung, Aufwertung des Ego sind für diese Frau wichtiger als eine Partnerschaft oder Sex. Der Partner ist meist nur Mittel zum Zweck. Auf Flirtversuche reagiert sie oft atypisch, je nachdem, wie es ihr gerade in den Kram passt.

||| **TIPP**

Diese Frau macht es uns Männern nicht gerade leicht – sie braucht uns eigentlich nicht oder ist noch nicht wirklich reif für eine Beziehung. Wenn Sie sich in so eine Frau verlieben, werden Sie schwer zu beißen haben.

Die Hochtourige

Diese Frau schöpft ihre positive, oft überschüssige Kraft aus einem echten Selbstbewusstsein. Sie geht aktiv auf Männer zu und nimmt sich, was ihr gefällt. Wenn sie sich einmal eine Abfuhr einhandelt, nimmt sie das nicht krumm, sondern verbucht es als „part of the game", wie wir Männer das auch tun. Diesen Typ Frau gibt es zwar nicht allzu häufig, aber diejenigen, die uns begegnen, machen uns eigentlich zuerst einmal nur Freude. Sie sprühen vor Energie und stecken uns mit ihrer guten Laune an. Ihre Sexualität tragen sie offensiv vor sich her – und wenn sie attraktiv sind, sind sie die geborenen „Sexbomben". Flirt gehört für die Hochtourige zum Alltag. Ein Mann, der nicht flirtet, ist ein Langweiler. Für Spontansex an ungewöhnlichen Orten sind sie eher zu haben als jeder andere Typ Frau. Das Leben muss genossen werden! – Als Langzeitpartner ist sie nicht ganz unkompliziert, denn ihr fehlen Ruhe, Gelassenheit und eine gewisse Grundzufriedenheit.

||| **TIPP**

Wenn Sie ein grundsolider und eher behäbiger Kerl sind, ist diese Frau nichts für Sie. Wenn Sie selbst ein Temperamentsbündel sind und „nie genug" haben können – wovon auch immer – kann es sogar die Frau fürs Leben sein.

Die Vampir-Frau

Das ist der Typ Frau, der einen Mann in den Wahnsinn oder Selbstmord treiben kann. Die Vampirfrau ist weder zu sich selbst noch zu ihrem Partner ehrlich. Eigentlich will sie gar nicht ihn, sondern hängt einer früheren Liebe, einer (gescheiterten) Ex-Beziehung nach oder träumt von etwas

Unerreichbarem. Zu ihrer Grundausstattung gehört es sozusagen, mit mehreren Männern zu jonglieren – dennoch erwartet sie von ihrem „offiziellen" Partner absolute Loyalität und Treue. Was sich in ihrem Gefühlsleben und ihrem Kopf abspielt, wird sie niemals preisgeben, deshalb hasst sie es, über Gefühle zu reden und hat Panik vor „Beziehungsgesprächen" – wie man es sonst nur von Männern kennt.

||| TIPP

Diese Frau ist brandgefährlich, aber andererseits sexuell extrem anziehend. Sie eignet sich nur als Teilzeit- oder Nebenbei-Freundin für äußerst sportliche Naturen, die sehr beziehungserfahren sind und genau wissen, was sie tun.

Die Vampir-Frau ist nie wirklich „solo", auch wenn sie das oft behauptet. Sie braucht die Bestätigung eines Mannes, ob es nun ein Teilzeitlover, der Ex-Freund oder ein Intermezzo ist. Sie kann ihr manipulatives Spiel nur deshalb erfolgreich spielen, weil sie eine hohe Attraktivität und große sexuelle Ausstrahlung hat. Wenn Sie sich in diese Frau verlieben, haben Sie verloren. Wenn Sie ihretwegen Kompromisse machen, haben Sie verloren. Wenn Sie sie gut behandeln, haben Sie verloren. Ein Mann wird für die Vampir-Frau erst dann interessant, wenn er ihr die kalte Schulter zeigt.

Die starke-sanfte Frau

Das ist die Frau, die Männer dauerhaft glücklich macht. (Und zum Glück ist diese Gruppe keine Minderheit.) Diese Frau steht – wenn sie sich einmal entschieden hat – treu und felsenfest zu ihrem Partner. Ihr Motto ist: „Wir bauen zusammen etwas auf." Sie ist kein Anhängsel ihres Partners, sondern sein Gleichgewicht, sein weibliches Pendant. Ihre Stärke schöpft sie aus einer gefestigten Persönlichkeit und einem großen Selbstbewusstsein. Ihr weibliches Selbstverständnis ist aktiv-feminin, sie sieht sich als „Frau an seiner Seite", die ihm helfen kann, genauso, wie sie ihn kritisieren kann. Oder ihn verwöhnen. Es ist die „bessere Frau, die hinter jedem guten Mann steht". In der Tat binden sich diese Frauen häufig an begehrte Männer mit hohem Status, großer Ausstrahlung und Selbstbewusstsein. Die starke-sanfte Frau weiß eben, was sie will, und sie bekommt es auch. Sie liest in ihrem Partner wie in einem offenen Buch und wird für ihn zur unverzichtbaren Vertrauten. Sie muss gar nicht überragend attraktiv sein – falls dies aber auch noch dazu kommt, wird sie zur absoluten Traumfrau, die man nicht loslassen sollte. Für Spielchen ist sie ohnehin nicht zu haben.

||| **TIPP**

Die Frau fürs Leben. Voraussetzung ist, dass sie auch mit Ihnen will. So eine Frau ist in der Regel der Lohn harter Arbeit – ganz allgemein und am eigenen Charakter.

Gemeinsamkeiten

Diese Typologie mag den Anschein erwecken, als würde es sechs völlig verschiedene Typen von Frauen geben. So ist es natürlich nicht. Erstens gibt es – wie immer beim Versuch einer Typenbildung – Mischformen, zweitens kann es durchaus sein, dass eine Frau in unterschiedlichen Lebensphasen verschiedene weibliche Rollen erprobt. Nehmen Sie die Kategorisierung deshalb spielerisch und als Hilfsmittel beim ersten Kennenlernen. Je mehr Selbstwertgefühl eine Frau mitbringt, umso besser ist es. Nur von wenigen Frauen sollte man besser von Anfang an die Finger lassen. Achten Sie mehr auf die Handlungen der Frau, als auf das, was sie sagt. Und bleiben Sie sich selbst treu. Dann kann nicht viel schiefgehen.

Gemeinsame Werte sind der wichtigste Langzeit-Kitt.

Bemerkenswert noch zu wissen: In vielen Testreihen haben Psychologen immer wieder festgestellt, dass die Bandbreite des Verhaltens zweier Frauen (oder Männer) größer sein kann als die Unterschiede zwischen Mann und Frau. Ob wir zu einer

Frau passen – und sie zu uns –, hängt nicht zuletzt davon ab, ob wir uns im selben Wertesystem bewegen. Damit ist vereinfacht ausgedrückt gemeint, welche Ziele, auch höhere Ziele – für uns im Leben von Bedeutung sind. Das kann viele andere Faktoren überlagern. Ihre Traumfrau muss also nicht unbedingt in jeder Hinsicht mit Ihnen kompatibel sein – gemeinsame Werte aber sind vermutlich der wichtigste Langzeit-Kitt.

4 Was will eine Frau?

Jede Frau, jeder Mensch, sehnt sich – in verschiedenen Ausprägungen – nach fünf Lebenselementen: Hoffnung – Geborgenheit – Liebe – Verständnis – eigene Ziele. Die Anordnung dieser Elemente ist ganz bewusst gewählt: Am Anfang steht die Hoffnung, die undefinierbare Sehnsucht nach Zielen, die wir noch nicht kennen. Am Ende des Spannungsbogens stehen die konkreten eigenen Ziele. Im Zentrum ist die Liebe, eskortiert von Geborgenheit und Verständnis.

Eine Frau, zumindest eine Frau, die eine Partnerschaft überhaupt eingehen möchte, will einen integren, starken Partner, der ihr diese fünf Lebenselemente als ständige Ressourcen zur Verfügung stellt. Nichts weiter.

Eine Frau will emotionale Sicherheit – mehr als alles andere.

Wenn wir diese „emotionale Sicherheit" verstehen wollen, müssen wir et-

Emotionale Sicherheit stellt sich bei einer Frau im Hier und Jetzt ein.

was genauer hinsehen. Sie hat nichts mit lebenslanger Absicherung zu tun, auch nicht mit materieller Versorgung. Und sie ist (leider) kein Zustand, der sich herbeiführen und für immer behalten lässt. Emotionale Sicherheit stellt sich bei einer Frau im Hier und Jetzt ein, in jedem Moment ihres Erlebens – oder eben nicht. Es spielt dabei keine Rolle, ob es sich um das erste Kennenlernen, um einen Flirt oder um Ihr Verhalten in Ihrer Beziehung dreht: Frauen sehnen sich nach starken, entschlusskräftigen Männern. Männer, die ihren eigenen Weg gehen und sich eben nicht unterkriegen und manipulieren lassen. Frauen sehnen sich nicht nach „nice guys". Die benutzen sie zwar vielleicht manchmal für ihre Zwecke, aber sie sehnen sich nicht nach ihnen.

Nur ein Teil unseres Verhaltens ist rational bestimmt. Ein anderer kommt aus unserem genetischen Programm und unseren Instinkten. Es ist der Teil unseres Wesens, der uns auf einer unbewussten Ebene steuert – oft genug gegen den Verstand. Der größte Teil von dem, was zwischen einem Mann und einer Frau in einer sexuellen Situation geschieht – das kann ein Flirt sein oder eine Partnerschaft –, findet auf dieser unbewussten Ebene statt. Diese Instinkte sind sehr alt, viel älter als unsere Zivilisation, wie wir sie heute kennen, aber sie wirken natürlich noch heute. Kurz gesagt ging und geht es für eine Frau darum, den Mann mit den besten Genen zu erkennen und mit ihm Sex zu haben. Frauen mussten dabei von jeher viel wählerischer sein als Männer. Auch bei extremer Frequenz können sie kaum häufiger als einmal pro Jahr schwanger werden. Männer können dagegen ihren Samen so breit streuen, wie sie wollen – theoretisch können sie Hunderte von Nachkommen in einem Jahr zeugen. Es ist deshalb kein Wunder, dass Frauen sehr differenzierte Auslesemechanismen entwickelt haben – wir kom-

Das meiste zwischen Mann und Frau läuft auf einer unbewussten Ebene ab.

men später darauf zurück. Das Ziel ist aber immer: Ein starker Mann, gute Gene. Bitte nicht missverstehen: Wir sprachen gerade vom Unbewussten, nicht von dem, was uns der Verstand sonst noch so einflüstert.

Sie will, dass Sie die Dinge in die Hand nehmen

Viele moderne Frauen sind selbstbestimmt, selbstbewusst, oft erfolgreich im Beruf und stehen auf eigenen Beinen. Dennoch wünschen auch und gerade diese Frauen sich einen Partner, der die „Dinge in die Hand nimmt", der die Führung übernimmt. Dann kann sich die Frau zurücklehnen und ihr Frausein genießen. Ihre „männlichen Anteile" haben viele Frauen heute schon entdeckt und entwickelt. Umso mehr sehnen sie sich nach Phasen, in denen sie sich fallen lassen können, in denen sich ihr weibliches Ich entfalten kann. Sie müssen gar nicht viel tun, damit sich Ihre Frau wohl fühlt: Sie müssen nur Mann sein.

Mirja (28) aus Berlin erinnert sich: „Der schlimmste Tag im letzten Jahr war mein Geburtstag. Mein Freund und ich trafen uns mittags, und er sagte zu mir: ‚Schatz, heute ist dein Geburtstag, was möchtest du tun? Ich hab mir den ganzen Nachmittag freigenommen und folge dir bei deinen Plänen!' Das war so deprimierend! Ich hatte das Gegenteil erwartet: einen spontanen Trip nach Paris, eine romantische Bootsfahrt, wenigstens den Plan für ein Abendessen. Aber es war nichts von alledem, nur Ratlosigkeit. Später fragte ich mich, warum ich mit ihm überhaupt zusammen bin."

Mirjas Freund hat es komplett falsch gemacht. Frauen, und seien sie noch so selbstständig, mögen in Beziehungsdingen nicht die Antwort. „Wir machen es, wie du willst!" Sie mögen einen Mann an ihrer Seite, der Ideen hat, Pläne verfolgt und entscheidet. Sie möchten einen Mann, an den sie

**Sagen Sie nie:
„Wir machen es,
wie du willst."**

unbeschwert die Verantwortung abgeben können und der für sie gemeinsam eine gute Wahl trifft. Damit ermöglicht er ihnen, Frau zu sein.

Wenn er das nicht tut, zwingt er sie, sich selbst „männlich" zu verhalten. Das ist zwar an sich ok, aber ihre Beziehung, genauer gesagt, ihre sexuelle Beziehung, wird es beschädigen. Denn die lebt aus der Spannung zwischen dem männlichen und dem weiblichen Pol.

Das trifft nun nicht nur auf Geburtstage zu. Sagen Sie nie, auch bei ganz alltäglichen Entscheidungen nie: „Tu, was du willst!" Entscheiden Sie, tun Sie Ihre Entscheidung kund, drängen Sie sie Ihrer Partnerin aber nicht auf. Ihre Partnerin braucht nur das Gefühl, dass Sie fähig sind, zu entscheiden und zielstrebig zu sein. Wenn sie dann letztlich doch ihren eigenen Weg wählt, ist es auch gut. Entscheidungen von Frauen sind häufig die besseren, weil sie „ganzheitlicher" sind, mit Verstand und Gefühl.

Sie will, dass Sie „richtig" reagieren

Frauen wollen, dass Sie als Mann „richtig" reagieren. Damit ist aber nicht gemeint, dass Sie tun sollen, was sie sagt. Oft genug ist es das genaue Gegenteil. Wenn Sie sich einer Frau unterordnen, wird deren Unterbewusstsein das als Schwäche auslegen, und ihr Interesse schwindet. „Richtig reagieren" bedeutet also in ganz vielen Fällen anders zu reagieren, als die Frau es vermeintlich will. Um herauszufinden, ob wir richtig reagieren, testen

Frauen testen permanent und ganz nebenbei.

uns Frauen permanent. Viele Frauen wissen gar nichts davon, es ist ein Prozess, der automatisch und zum Teil unbewusst abläuft.

Bernd und Sarah haben sich gerade erst kennengelernt, zufällig beim Joggen im Park. Zwei Tage später ruft er sie zum ersten Mal an. Das Telefonat verläuft neckisch und humorvoll. Bernd ist auf einem guten Weg, er überlegt sich, dass es schön wäre, sie wiederzusehen. Er sagt: „Samstag Nachmittag gehe ich ins Kunstmuseum, da ist eine neue Ausstellung von Soundso. Das interessiert mich. Bist du dabei?" Darauf sie: „Fällt dir nichts Langweiligeres für einen sonnigen Samstag Nachmittag ein?"

Das ist der Test, den Bernd jetzt eigentlich gar nicht mehr erwartet hatte, aber der unweigerlich kommen musste. Er kann jetzt einiges falsch machen:

■ Er könnte sagen: „Du hast ja so recht. Lass uns lieber einen Spaziergang im Park machen." Falsch. Er hat sich von der kleinen Finte der Frau einschüchtern lassen und gibt klein bei.

- Auch schlimm: Er könnte anfangen, mit der Frau zu streiten: „Hör mal, ich versteh dich wirklich nicht. Dieser Maler Soundso ist ein Genie. Man muss das einfach gesehen haben." Mag ja sein – aber eine Beziehung zu Sarah kann er jetzt in den Wind schreiben.

- Oder aber er kontert Sarahs Einwand sportlich, genau das will sie, genau deshalb hat sie ihn gepiesackt: „Hey, ich dachte, ich biete dir mal ein Kontrastprogramm zum Joggen. Aber macht nichts. Ich hol dich dann anschließend mit meiner Harley ab, und wir fahren um den See." Sie wird lachen. Das Ganze wird natürlich doppelt gut, wenn Bernd tatsächlich eine Harley (und sie keine Motorrad-Phobie) hat, aber das muss überhaupt nicht sein. Ein Fahrrad tut es auch.

Vor allem am Anfang einer Beziehung gibt es einen anderen, sehr beliebten nonverbalen Test: Das Wartenlassen. Bernadette aus Hamburg erzählt ganz freimütig: „Bei unserem ersten Date habe ich Georg fast eine halbe Stunde lang im Café warten lassen, mein Handy hab ich ausgemacht. Ich wollte wissen, wie er reagiert."

Beliebter nonverbaler Test: Den Mann warten lassen.

Schauen wir uns die Situation an: Wie könnte Georg reagieren? Als guter Junge würde er geduldig warten, sich, wenn sie endlich kommt, fadenscheinige Erklärungen fürs Zuspätkommen anhören – und sich am Ende noch dafür entschuldigen, dass er zu früh da war. Nicht sehr antörnend. Zweitens könnte er sauer werden, versuchen, sie telefonisch zu erreichen und dann nach einer gewissen Zeit das Café verlassen. Angemessen. Wenn sie Interesse hat, wird sie sich wieder melden. Der ultimative Konter aber war der von Georg: Bernadette: „Als ich ankam, saß er da, vertieft ins Gespräch mit einer Frau, die zugegebenermaßen recht gut aussah. Als er mich sah, stand er auf, begrüßte mich und sagte so etwas wie: ‚Darf ich dir Susanne vorstellen? Ich habe sie eben gerade kennengelernt. Sie wartet auf jemanden, und wir haben uns die Zeit vertrieben.'" Bernadette weiter: „Ich blieb zwar ruhig und freundlich, aber innerlich flackerten alle verfügbaren Alarmlampen. Ich hatte das Gefühl, dass es besser ist, Georg nicht allzu lange alleine warten zu lassen. Heute bin ich mit ihm zusammen, felsenfest. Es ist meine erste langdauernde Beziehung seit zehn Jahren."

Frauen, die Interesse an einem Mann haben, hören nie auf, ihn zu testen.

Diese Tests gibt es nicht nur beim Flirt oder am Beginn einer Beziehung. Sie ziehen sich durch unser ganzes Leben. Eine Frau, die an uns interessiert ist, wird nie aufhören, uns zu testen. Gute Frauen kratzen permanent an unserer Schwäche und fordern unsere Stärke heraus. Sie tun das nicht, weil sie uns ärgern wollen. Sie wollen, dass wir wachsen. Sie fordern das Beste von uns. Die liebevollsten Frauen sind auch die, die am meisten testen. „Sie wollen spüren, dass unsere Liebe und unsere innere Wahrheit stärker sind, als die Pfeile, die sie auf uns abfeuern", so formuliert es der amerikanische Partnerschaftscoach David Deida. Die Formen dieser Test sind so vielfältig, dass man unmöglich alle Varianten auflisten kann – dieses Spiel ist so facettenreich wie genau das, was zwischen Frauen und Männern jederzeit und überall auf der Welt passiert. Einige dieser Test haben mit dem Erzeugen von schlechtem Gewissen, andere mit Ködern und Wartenlassen zu tun. Auch gezieltes Erzeugen von Eifersucht oder (gespieltes) Dominanzverhalten einer Frau gehören dazu: Sie will den Mann erstens aus der Bahn werfen, und zweitens sehen, wie er reagiert. Je schwächer der Mann ist, umso empfindlicher und weniger gelassen wird er reagieren. Die „richtige" Reaktion aber

Die härtesten Tests sind „double binds".

erkennt die Frau intuitiv, dann fühlt sie sich zu dem Mann hingezogen. Es ist ein kontinuierlicher Selektionsprozess, der wie ein Computerprogramm versteckt im Hintergrund abläuft.

Die härtesten „Tests" für Männer sind gemischte Aussagen („double binds"), bei denen die Frau auf einer Kommunikationsebene etwas sagt, auf einer anderen das Gegenteil. Roger aus Bern erinnert sich: „Meine Ex-Freundin war einerseits eine Traumfrau, nie hatte ich so innigen Sex wie mit ihr – andererseits war sie ein Albtraum. Oft schickte sie mir abends noch eine SMS – wir wohnten nicht zusammen – und sagte mir, wie sehr sie mich vermisse und begehre usw. Wenn ich es am nächsten Tag nicht mehr aushielt und zu ihr fuhr, war es oft so, dass sie mich nicht mal anfasste, sondern mich nach fünf Minuten mit irgendeiner Ausrede wieder aus der Tür schob." Seine Freundin trennte sich nach einem Jahr von Roger, „weil die Beziehung zu einseitig war". Sie fand es enttäuschend und deprimierend, dass er sich von ihr so gängeln ließ. Er war zu schwach.

Schwache Männer verzweifeln an der weiblichen Eigenschaft, etwas zu wollen und etwas anders zu sagen. Sie werden zerknirscht sagen: „Sag doch einfach, was du willst, statt das eine zu sagen und das andere zu wollen. Wie soll ich das herausfinden? Ich bin doch kein Hellseher!" – Ja, genau das sollen Sie aber sein. Aber es reicht schon, wenn Sie deutlich sehen, was Sie selbst wollen. Überlegene Männer hören nicht so sehr auf die Worte ihrer Frau, sondern achten auf ihre Körpersprache, ihre Gesten. Diese Männer folgen ihrem eigenen Plan und integrieren die Frau liebevoll darin. Und die Frau wird Sie dann am meisten lieben und begehren, wenn Sie Ihre Liebe, Ihre Freiheit und Ihr Selbstbewusstsein am deutlichsten spürt.

Sie will gar nicht unbedingt die Nummer 1 sein

Wenn Sie denken, Ihre Frau will, dass Sie sie über alles stellen, dann täuschen Sie sich. Das will sie gar nicht. Sie möchte vielmehr, dass Sie Ihre eigenen Ziele verfolgen, Ihre höheren Pläne haben. Sie möchte nicht spüren, dass Sie von ihr abhängig sind. Wenn sie das spürt, verliert sie den Respekt vor Ihnen, sie hält Sie für schwach und – unterbewusst – für ungeeignet.

Es ist gut, wenn Sie Ihre Frau lieben. Es ist aber nicht gut, wenn Sie sie über alles lieben. Es ist nicht gut, wenn sie feststellt, dass Sie von ihr abhängig sind und ihren Zuwendungen wie ein Pawlowsches Hündchen hinterherhecheln. Ihr Lebensziel sollten Sie unabhängig von Ihrer Partnerin finden und definieren. Sie sind in einem fahrenden Zug. Alle Menschen, die Ihnen in Ihrem Leben begegnen, sind Mitfahrer in diesem Zug. Irgendwann steigen diese ein und an einem bestimmten Moment verlassen sie das Abteil wieder. Der Zug muss trotzdem weiterfahren. Auch Ihre Partnerin, auch wenn Sie sie noch so lieben – kann nur eine Mitfahrerin sein. Wenn Sie sie zur Zugführerin erheben, machen Sie einen Fehler. Ihre Partnerin will das gar nicht, Sie will nur die Begleiterin auf Ihrer Reise sein.

> **Es ist gut, Ihre Frau zu lieben. Aber schlecht, von ihr abhängig zu sein.**

Wenn Ihre Partnerin merkt, dass Sie keine eigenen Ziele haben oder dass Sie Ihre Ziele ihretwegen aufgeben, sind Sie ein schwacher, nicht besonders begehrenswerter Mann. Ihre Partnerin will – unterbewusst – sogar spüren, dass Sie bereit wären, Ihre Partnerschaft Ihrem höheren Lebensziel zu opfern. Sie will und muss nicht der Mittelpunkt Ihres Lebens sein. Sie will aber, dass Sie Ihren eigenen Mittelpunkt kennen – nur dann kann sie Ihnen so vertrauen, dass es für eine gemeinsame Reise reicht.

Unerfahrene Männer haben oft das Gefühl, dass gerade die besten Frauen sich an richtig miese Kerle binden, die sie schlecht behandeln. Kerle, die sie „eigentlich" nicht verdient hätten, weil sie sie nicht genug würdigen und nicht in den Mittelpunkt stellen. Sie denken, sie selbst wären besser, weil sie doch so verständnisvoll und entgegenkommend wären. Frauen sehen das anders. Für sie geht es nur um die emotionale Sicherheit, die ihr ein Mann vermittelt

Frauen nehmen für das Gefühl des emotionalen Aufgehobenseins allerhand in Kauf.

(↑ S. 83). Das tut er aber nicht, indem er verweichlicht und vor Sensibilität platzt. Sondern dadurch, dass er der Frau Stärke vermittelt. Frauen sind bereit, für dieses Gefühl allerhand in Kauf zu nehmen. Es kann also schon sein, dass Ihr Nebenbuhler ein Charakterschwein ist. Die Frau weiß es wahrscheinlich und hat es mit in die Waagschale geworfen. Vielleicht ist er aber einfach nur ein Mann, der vieles im Umgang mit Frauen richtig macht.

Sie will, dass Sie ihr Sicherheit mit Leichtigkeit schenken

Und jetzt noch was Wichtiges: Eine Frau will, dass Sie ihr diese emotionale Sicherheit, die sie braucht, spielerisch und mit Leichtigkeit schenken. Sie will nicht, dass Sie ein verbohrter (pardon!) Hornochse sind, der ihr Vorschriften macht, sie will nicht, dass Sie sie herumkommandieren. – Sie will sich einfach gut fühlen mit Ihnen. Es kommt ihr auch nicht darauf an, dass Sie rackern wie ein Pferd, um ein neues Auto oder eine neue Küche anzuschaffen. Materielle Sicherheit ist zwar gut, aber das kann die emotionale Geborgenheit nicht ersetzen, die Ihre Frau braucht. Und die findet sie eher bei einem – ich drück es mal übertrieben aus – Freak ohne einen Knopf in der Tasche und mit einem Zelt als Wohnstatt, der ihr aber ein starker Partner ist und bei dem sie sich geborgen fühlt, als bei einem schwachen, ziellosen Partner mit regelmäßigem Einkommen. Die Währung, die für Frauen zählt, ist ein starkes Gefühl der Nähe zu ihrem Mann. Viel wichtiger als das Bankkonto oder andere materielle Dinge!

Wenn Ihre Frau die emotionale Sicherheit spürt, wird sie nicht nur der Konvention halber bei Ihnen bleiben, sondern sie wird Sie weiterhin wollen. Seien Sie überlegen, spielerisch, meinetwegen ein Freak im Herzen. Verwöhnen Sie Ihre Frau (gelegentlich) mit Emotions-Schauern. Geben Sie ihr den Kick, wenn sie es am wenigsten erwartet. Bleiben Sie am Ruder und wachsam.

Erhalten Sie die männlich-weibliche Polarität – und auch der Sex bleibt gut.

Solange Sie für Ihre Frau ein starker und integrer Partner sind, wird sie nicht von Ihrer Seite weichen. Und die männlich-weibliche Polarität, die sexuelle Spannung zwischen Ihnen wird nicht nachlassen.

5 Wie bindet man eine Frau erfolgreich?

Um eine Frau dauerhaft an sich zu binden, müssen Sie weder Superhero noch ein Multimillionär sein, aber Sie müssen einige wichtige Spielregeln im Umgang mit Ihrer Partnerin beherrschen. Diese Regeln sind ganz einfach, aber oft genug weichen wir davon ab, weil wir unserer Partnerin unterstellen, dass sie genauso denkt, fühlt und reagiert wie wir oder unsere männlichen Kumpels. Das tut sie nicht. Sie denkt, fühlt und reagiert wie eine Frau.

Keine Problemlösung liefern, sondern eine Umarmung

Wir alle kennen die Situation, dass unsere Partnerin lang und breit von einem Problem erzählt, ihre Gefühle schildert, manchmal fast jammert und weint. In unserer simplen männlichen Denke wollen wir einfach helfen, so schnell es geht, wir wollen das Problem lösen. Wir bieten Lösungsvorschläge an. Und plötzlich merken wir, wie das Gespräch eskaliert, wie die Frau noch

Der Satz aller Frauen: „Du verstehst mich einfach nicht."

gereizter und labiler wird, wie sie sogar anfängt, uns anzugreifen und unsere Lösungsversuche verteufelt und zunichte macht. Und dann sagt sie: „Du verstehst mich einfach nicht." Recht hat sie, wir haben sie wirklich nicht verstanden. Wir wollten nichts weiter, als schnell Ruhe haben und das Problem vom Tisch kriegen. Sie aber wollte etwas anderes: Ihre Gefühle mit uns teilen.

Für viele Männer ist es schwer zu begreifen, dass man mit Nichtstun so viel erreichen kann. Wir sehen unsere Partnerin leiden, wir wollen ihr helfen, wir werden aktiv, wir argumentieren männlich und schlagen Problemlösungen vor. Lassen Sie es! Hören Sie Ihrer Partnerin nur aufmerksam zu, reagieren Sie auf ihre Körpersprache, synchronisieren Sie sich mit ihr. Wenn es ein Gespräch am Telefon ist, geben Sie ab und zu Zeichen der Zustimmung und wiederholen und verstärken Sie, was Ihre Partnerin gesagt hat. Seien Sie ein Echo ihrer Gefühle, versuchen Sie zu fühlen, was sie fühlt, leiden Sie ein Stück weit mit. Das ist es, was ihre Partnerin mit „verstehen" meint.

Stellen Sie den Lösungsvorschlag ganz weit zurück, wahrscheinlich ist er sowieso schon im Kopf der Frau. Wenn Sie wirklich meinen, Sie hätten eine unerhörte tolle Idee dazu, äußern Sie sie am nächsten Tag in einem Nebensatz. Seien Sie jetzt erstmal der Puffer, den Ihre Partnerin braucht. Seien Sie für sie da, in dem Sinne, wie sie es meint. Das ist die emotionale Sicherheit, die sie braucht. Die Logik kommt später.

Verstehen Sie, wie Sex bei Frauen funktioniert

Grundsätzlich haben Frauen ebenso große Lust auf Sex wie wir Männer – das hat die Natur schon richtig eingerichtet. Allerdings sind Männer – angeschoben durch ihren Hormon-Turbo Testosteron eher die Aktiven und Suchenden, während die Sexualität der Frau normalerweise reaktiver und abwartender ist (↑Kapitel 7). Das heißt nicht, dass sie Sex nicht ebensosehr genießt – wenn die Situation erst mal da ist. Als Zweites ist es für die Frau viel wichtiger als für uns, dass sie gefühlsmäßig mit dem richtigen Partner Sex hat. Auch wenn Sie in einer Beziehung schon länger zusammenleben, kann es sein, dass Sie sich temporär disqualifiziert haben (dass Sie sozusagen im Moment nicht der richtige Partner sind). Sie hat gerade einfach keine Lust.

Der Freiraum, in dem sich triebhaftes sexuelles Erleben ungezügelt entladen kann, ist bei Frauen viel stärker als bei uns Männern in eine positive Gefühlswelt eingebettet. Wenn dieser Rahmen nicht gegeben ist, wenn die Frau gerade Stress hatte, an Ihnen als Partner zweifelt oder wenn ihre Gefühle angekratzt sind, werden Sie (wenn

Sehen Sie Sex nicht als Heilmittel an, sondern als orgiastische Erfüllung einer guten Beziehung.

überhaupt) nur befriedigenden Sex haben, aber keinen großartigen. Und Ihre Partnerin wird sich immer stärker zurückhalten – und sich gleichzeitig nach dem großen, mächtigen Gefühl von früher sehnen. Geben Sie ihr Freiraum. Schaffen Sie den richtigen Rahmen und sehen Sie Sex nicht als Heilmittel für eine kränkelnde Beziehung, sondern als orgiastische Erfüllung einer guten.

Zuerst müssen Sie sich selbst in Ordnung bringen, Ihre Ziele kennen und Ihr Leben in die Hand nehmen, nur dann sind Sie der begehrenswerte Kerl, in den Ihre Partnerin sich verliebt hat. Alles schon geregelt? Dann sollten Sie auch nicht vergessen, dass die Sexualität bei Frauen viel stärker als bei Männern durch hormonelle Schwankungen beeinträchtigt wird. Etwa in der Mitte des Zyklus (Phase des Eisprungs) entwickeln viele Frauen einen überdurchschnittlichen sexuellen Hunger, ebenso um die Periode herum (und nicht wenige auch währenddessen). Dazwischen können schon mal gelegentlich Tage des sexuellen Desinteresses liegen. Denken Sie an die Komplexität der Abläufe im weiblichen Körper (↑ S. 56) und behalten Sie den Zyklusverlauf Ihrer Partnerin im Hinterkopf.

Halten Sie ihren alltäglichen Tests stand

Ihre Frau wird nie aufhören, Sie zu testen (↑ Kapitel 4). Falls doch, haben Sie ein Problem – denn dann hat sie kein Interesse mehr an Ihnen. Diese Tests sind nicht etwas, das uns Sorgen machen muss, sondern sie gehören zum täglichen Spiel von Mann und Frau wie Salz und Brot. Sie wird immer

Ihre Schwachstellen anpieksen, um zu sehen, wie Sie reagieren. Sie will aber nicht, dass Sie einknicken, sondern Sie wünscht sich, dass Sie Ihre Prüfungen bestehen. Sie will Ihre Stärke spüren.

Oft erkennen Männer nicht, dass auch hinter dem „Nörgeln" ein Test stecken kann. Es geht darum, wie Sie reagieren. Wenden Sie sich genervt ab oder gehen Sie in die Defensive und verteidigen sich? Oder transformieren Sie das Ganze auf eine höhere Ebene und

Tests gehören zum Spiel von Mann und Frau wie Salz und Brot.

nehmen Ihre Frau als sexuelles Wesen wahr? Wenn Ihre Partnerin selbst bei heftigsten Sticheleien und Attacken noch Ihren Humor, Ihre Überlegenheit und Ihre männliche Präsenz spüren kann, wird sie aufgeben. Und sich vielleicht sogar hingeben.

Erobern Sie sie immer von Neuem

Glauben Sie nie, die Sache sei abgeschlossen. Viele Männer meinen, sie können sich nach einem Eheschwur zurücklehnen und in Sicherheit wiegen. Mitnichten. Auch ein „Ich liebe dich" hat für eine Frau eine andere Bedeutung als für einen Mann. Für den Mann ist es – wenn er es ehrlich meint – ein Siegel, das die Beziehung wie eine Stahlkette umschließt und unangreifbar macht. Für die Frau ist es eine Gefühlsäußerung, die dem Moment entspringt und dem Moment entspricht. Das kann sich minütlich ändern.

Ein falsches Wort kann ein ganzes Wochenende, einen ganzen Urlaub ruinieren. Ihrer Partnerin ist es dann auch egal, ob Sie in den vergangenen Monaten ein begehrenswerter, starker und verlässlicher Partner waren. Es geht immer nur darum, ob Sie es jetzt gerade sind. Auf Lorbeeren ausruhen sollten Sie sich ja grundsätzlich nicht – aber wenn es um Ihre Liebe, um Ihre Partnerschaft geht, ist es fatal.

Wie es die amerikanischen Autoren Shaunti und Jeff Feldhahn ausdrücken: „Es gibt keinen magischen Moment, ab dem sich die Frau für immer tief geliebt weiß. Aus der Sicht einer Frau ist das ganze restliche (Ehe-)Leben dafür nötig, von ihrem Mann Bestätigung seiner Liebe zu erfahren. Und deshalb braucht und verdient es eine Frau, dass ein Mann täglich um sie wirbt." Auf einer tieferen Ebene hat das vielleicht mit den Instinkten der Urfrau zu tun: Sie konnte sich nie sicher sein, ob der

Eine Frau braucht ständig die Rückbestätigung Ihrer Liebe.

Jäger, ihr Ernährer, zurückkommen würde oder nicht. Sie brauchte nicht sein Versprechen, sondern seine Präsenz, seine emotionale Bestätigung. So muss auch Ihre Partnerin nicht rational wissen, dass Sie sie lieben, sondern Sie muss es immer wieder fühlen und rückbestätigt bekommen.

Das gilt auch und ganz besonders für Krisensituationen: Wenn Sie nach einem heftigen Streit wutentbrannt die Tür knallen und ins Nirgendwo verschwinden, ist das verständlich. Besser ist es aber, wenn Sie es schaffen, Ihre Frau auch in so einer Situation Ihrer Liebe zu versichern. Schaffen Sie es, ihr in die Augen zu schauen und zu sagen: „Ich geh jetzt raus, muss mich abreagieren. Aber du weißt, dass meine Liebe zu dir stärker ist als dieser alberne Streit." Dann wird Ihre Partnerin sich trotz Streits bei Ihnen geborgen fühlen und Sie für Ihre Souveränität lieben.

Deuten Sie sie richtig

Frauen sind für uns manchmal schwer zu „verstehen", weil sie nicht das zu sagen scheinen, was sie meinen. In Wirklichkeit meinen sie mehr, als sie sagen. Ihr Worte deuten nur an, in welche Richtung ihre Gefühle und ihr Denken gerade gehen. Sie müssen Frauen nicht Wort für Wort zu verstehen versuchen, dann werden Sie nämlich in Teufels Küche kommen. Sie werden auch das Gefühl haben, vor lauter Widersprüchen ins Rotieren zu geraten und völlig das Konzept zu verlieren. Hören Sie Ihrer Partnerin eher zu wie einem Orakel, nicht wie einem Dozenten in einer juristischen Vorlesung. Ergründen Sie das Gesamtbild, schauen Sie, was hinter den Worten steckt.

Petra sagt zu Tom: „Räum doch endlich das Gartenhäuschen auf."

Tom versteht: „Ich soll das Gartenhäuschen aufräumen, das weiß ich doch schon."

Petra **meint**: Sei zielstrebiger, lass dich nicht so gehen. Du hast schon vor drei Wochen versprochen, das Gartenhäuschen aufzuräumen – nichts ist passiert. Ich kann mich nicht auf dich verlassen. Ich kann dir nicht mehr vertrauen!

Petra sagt: „Haben wir zu wenig Geld? Wir können uns kaum noch was leisten!"

Tom sagt: „Wieso denn? Mein Einkommen hat sich doch nicht geändert."

Petra **meint**: Was ist los mit dir? Du bist faul und apathisch geworden. Wo sind deine hohen Ziele von früher? Wo sind deine Stärke, dein Tatendrang, dein Elan geblieben?

Es geht um Vertrauen, Integrität und die innere Stärke.

Wenn Petra das Gefühl hätte, dass Tom seine Lebensziele klar und konsequent verfolgen würde, würde sie sich nicht beklagen. Die tatsächliche Höhe des Einkommens spielt dafür keine Rolle, ebensowenig wie andere materielle Dinge. Es geht um das Vertrauen, die Integrität und die Stärke, die Tom ihr vermittelt – die emotionale Sicherheit.

Tun Sie nie alles, was sie verlangt

Eine Frau wird Sie im Laufe Ihrer gemeinsamen Zeit zu einer Menge Dinge auffordern. Sie wird Sie bitten, etwas zu tun, sie wird sogar energisch drängen, um nicht zu sagen, etwas anordnen oder befehlen. Behalten Sie immer die tiefen Wünsche Ihrer Partnerin im Auge und versuchen Sie, sie zu erfüllen. Diese tiefen Wünsche sind nonverbal und haben etwas mit Ihrer Präsenz, Ihrer Stärke, Ihrer Zielstrebigkeit und Integrität zu tun – das habe ich oben schon ausgeführt. Kommen Sie aber niemals wortwörtlich jedem Wunsch Ihrer Partnerin nach. Denn dann müssen Sie sich höchstwahrscheinlich verbiegen, und im Grund ihres Herzens will sie das nicht. Ihre Stärke, Ihre Konsequenz und eigene Meinung sind ihr wichtiger als die Wunscherfüllung.

Wenn eine Frau dazu tendiert, Sie ständig „herumzukommandieren", ist dies nichts weiter als ein permanenter Test. Die Testfrage heißt. „Bist du wirklich so schwach?" Wenn Sie immer mit „Ja" antworten, indem Sie tun, was sie anordnet, disqualifizieren Sie sich selbst. Irgendwann wird Ihre Partnerin die Konsequenzen

Wohlverhalten ist kein Instrument, um eine Frau zu binden.

ziehen. Und Sie werden sich vielleicht wundern, warum sie weggeht. Sie haben sich doch so wohlverhalten, Sie haben doch jeden Ihrer Wünsche erfüllt!

Eine hohe Attraktivität der Frau, verbunden mit dem Wunsch von uns Männern nach regelmäßigem „unkompliziertem" Sex gibt ihr dabei ein starkes Machtmittel an die Hand. Um das zu bekommen, nehmen wir oft allerhand in Kauf, lassen uns viel mehr domestizieren, als es gut ist. Für eine Weile werden wir die Frau mit Wohlverhalten gebunden halten können, aber nur für eine kurze Weile. Langfristig ist es die falsche Strategie.

Wenn Ihnen Ihre Partnerin mit dominantem Verhalten entgegentritt, wenn sie Ihnen Befehle erteilen will: Heben Sie das Spiel auf eine höhere Ebene. Nehmen Sie sie nicht ernst.

Brechen Sie aus dem Rahmen aus, wechseln Sie das Thema. Lernen Sie ein unschätzbar wichtiges und nützliches Wörtchen: „Nein." Versichern Sie Ihre Partnerin aber gleichzeitig Ihrer Liebe: Umarmen Sie sie, küssen Sie sie, schlagen Sie eine gemeinsame Unternehmung vor. Lenken Sie die Gedanken auf etwas Positives. Tun Sie für Ihre Frau alles aus Liebe, aber nichts auf Anordnung.

Halten Sie emotionale Stürme aus und bleiben Sie

Dies betrifft emotionale Krisen und wie Sie darauf reagieren. Viele Frauen haben ein emotionales Repertoire, das uns Männer erschaudern lässt, ja, vor dem wir sogar Angst haben. Wenn eine Frau „richtig aufdreht", im Zorn, in Verletztheit, in Eifersucht, aus welchem Grund auch immer – gehen wir am liebsten in Deckung. Eigentlich wäre es uns am liebsten, die Situation wäre ganz schnell vorbei, oder wir wären ganz weit weg. Eine Frau schert sich in solchen Momenten der Eskalation keinen Deut um uns und unsere Gefühle, sie ist einfach im Hier und Jetzt Ihrer Wut – ohne Rücksicht auf Verluste.

Wenn wir in so einer Situation weggehen mit den Worten „Beruhig dich erst mal!", ist das zwar auch verständlich – aber es ist wiederum nicht die optimale Lösung. Es ist besser, wenn Sie sich mit dem Gefühlsausbruch Ihrer Frau konfrontieren. Nehmen Sie ihn hin wie einen gewaltigen Wasserfall, der mächtig auf Sie einprasselt. Lassen Sie es geschehen und verwandeln Sie den Wasserfall in eine Erfrischung. Stellen Sie sich hin und zeigen Sie ihr, signalisieren Sie ihr, dass Sie sie jetzt in diesem Moment mehr lieben, denn je. Schreien Sie meinetwegen, wenn Sie anders nicht gehört werden. Brüllen Sie zurück, wenn es sein muss. Geben Sie nicht klein bei. Aber schreien Sie auch

Schreien Sie Ihre Liebe heraus, wenn es sein muss.

Ihre Liebe hinaus. In diesem Moment kommt es mehr denn je auf Ihre Aufrichtigkeit, Ihre Körpersprache und Ihre Souveränität an. Wenn Ihre Partnerin merkt, dass Ihre Liebe stärker als ihr Zorn ist, wird der Zorn verfliegen.

Verlangen Sie nicht zu viel von ihr

Dadurch, dass wir von einer Beziehung erwarten, dass sie eine Menge Zwecke erfüllt, verflachen wir sie. Unsere Partnerin soll Vertraute, Mutter, vielleicht Geschäftspartnerin und Haushaltshilfe und noch mehr sein. Und dabei die erotische Wildkatze im Bett, von der wir träumen. Kann das gehen? Nein. Wenn wir mit einer Beziehung so viele Zwecke verbinden, tendiert sie zum rein Nützlichen. Wir werden eine praktische, aber mittelmäßige Partnerschaft bekommen und auf lange Sicht nur der Konvention halber zusammenbleiben oder uns irgendwann trennen. Meist geschieht dies dann, wenn bei einem der Partner durch eine neue Bekanntschaft das Feuer wieder entfacht wird.

Die Ehe und monogame „Exklusiv-Beziehungen", wie sie heute in unserem Kulturkreis von der Mehrheit der Menschen gelebt werden, haben den Drang zu dieser „Nützlichkeit". Man ist bemüht, für den Partner alles zu sein, seine Bedürfnisse so weit wie möglich abzudecken. Es muss uns klar sein, dass diese Dynamik die eigentliche Polarität von Mann und Frau in einer Beziehung untergräbt und uns irgendwann zu Partnern

Monogame Rundum-Beziehungen tendieren zum rein Nützlichen.

macht, die sich sexuell neutral gegenüberstehen. Für manche Paare mag so ein Zweckbündnis ohne allzu viel Spannung genau das sein, wonach sie gesucht haben. Anderen ist es wichtiger, dass das sexuelle Feuer zwischen beiden nie erlischt. Keine Bewertung. Sie sollen sich nur über diesen Mechanismus klar sein und für einen Weg entscheiden.

Fordern Sie also nicht zu viel von Ihrer Partnerin. Was ist Ihnen wirklich an Ihrer Gefährtin wichtig? Ist es die Beständigkeit, der „sichere Hafen", den sie Ihnen bietet? Ist es der großartige Sex? Sind es ihre hausfraulichen Qualitäten? Schätzen Sie sie als Geschäftspartnerin? Oder sind es ganz andere Dinge? Werden Sie sich darüber klar. Betonen Sie in der Partnerschaft das, was Ihnen wichtig ist, stellen Sie andere Dinge dafür zurück. Wenn Sie Ihre Partnerin ständig als Sekretärin, Putzhilfe oder Steuerberaterin behandeln, ist es sehr wahrscheinlich, dass wertvolle Elemente der Beziehung, wie Romantik, Liebe und Sex, auf der Strecke bleiben. Entscheiden Sie sich, was Ihnen wirklich wichtig ist.

Seien Sie gut zu ihr

Schenken Sie Ihrer Partnerin alle Liebe, die sie möchte – solange Sie sich nicht verbiegen und auf Ihrem eigenen Weg bleiben. Seien Sie liebevoll und aufmerksam, unterstützen Sie sie und helfen Sie ihr, wo immer es geht. Sprechen Sie über Ihre Gefühle – aber nicht als Bittsteller, sondern aus einer dominanten Situation heraus, in der Ihre Partnerin Ihre Stärke erkennt. Seien Sie kreativ und poetisch. Zeigen Sie Ihre Liebe und Zuneigung auch einmal durch eine unerwartete Geste. Überraschen Sie Ihre Partnerin. Machen Sie Ihr niemals

Beziehungen sind fortgesetzte Verführungen.

kleinliche Vorschriften. Versuchen Sie nicht, Sie durch Konventionen an Sie zu binden, sondern durch die Kraft Ihrer männlichen Präsenz. Eine Frau ist nur dann wirklich „Ihre" Frau, wenn Sie jederzeit gehen kann – und bleibt. Vergessen Sie nie, dass Beziehungen nichts weiter sind als fortgesetzte Verführungen, es gelten die gleichen Gesetze. Seien Sie ein Verführer Ihrer Frau, jeden Tag.

Was Bindung für Frauen bedeutet

Noch ein Blick zurück in die Zeit: Ein zweites Ziel der „Urfrau" war, den Mann für eine gewisse Zeit an sich zu binden. Lebenslange Partnerschaften waren von der Natur nicht vorgesehen – aber die Frau musste den Mann zumindest so lange an sich binden, bis sie die Schwangerschaft überstanden hatte und das Kind ein gewisses Alter hatte. (Auch heute trennen sich die meisten Paare, wenn die Kinder zwischen fünf und zehn Jahre alt sind.)

Eine Frau hat ein großes Repertoire, um einen Mann an sich zu binden, ja, um ihn fast süchtig zu machen. Einige dieser Methoden haben mit aufrichtiger, ehrlicher Liebe zu tun, viele mit Sex, andere mit gesteuerten Gefühlen und Manipulation. Eins steht jedenfalls fest: Sobald eine Frau das Gefühl hat, sie könne ihren Partner vollständig berechnen und hätte ihn ganz unter Kontrolle, lässt ihr sexuelles Interesse nach. Sie ist dann offen

Ihre Frau sollte das Zweitwichtigste in Ihrem Leben sein.

für den nächsten „starken" Partner. Darum können Sie eine Frau auf Dauer nur halten, wenn Sie sie NICHT über alles stellen. Wenn Sie ihr vermitteln, dass es noch andere wichtige Dinge im Leben gibt. Wenn Sie signalisieren, dass sie – drastisch ausgedrückt – das Zweitwichtigste in Ihrem Leben ist – hinter Ihrem eigenen großen Plan, hinter Ihren eigenen Zielen. Ihre Frau wird einerseits gekränkt sein, Ihnen aber andererseits dafür danken, dass Sie so ein starker Partner sind. Sie wird Sie für jede Sekunde an Ihrer Seite lieben.

||| Warum viele Geliebten-Beziehungen so stabil sind

Nun wird besser verständlich, warum viele Geliebten-Beziehungen so erstaunlich stabil über viele Jahre oder Jahrzehnte hinweg funktionieren: Hier sorgt alleine die Konstellation dafür, dass die Frau den Mann nie „ganz" haben kann. Dass er sich nie für sie aufgibt. Denn er hat noch andere Ziele – seine Familie, seinen Beruf. Die Geliebte hasst ihn zwar einerseits dafür, aber andererseits bleibt er immer der starke, überlegene Partner, nach dem sie sich sehnt. Und er wird sie mit einer geschickten Mischung aus Zuwendung und Sich-Entziehen in der Balance halten. Solch beiderseitige Agreements kann ein Außenstehender schwer bewerten. Allerdings sind manche Fälle bedauerlich bis tragisch: Und zwar immer dann, wenn es kein überlegener Mann ist, mit dem sich die Frau auf diese Art und Weise einlässt, sondern nur ein Feigling, der lediglich die Konstellation geschickt ausnützt. Die Frau wird jahrelang nicht klarsehen.

6 Wie erobert man eine Frau?

Dies ist ein Thema, mit dem man alleine ganze Bücher füllen kann, und es gibt auch ausgezeichnete Bücher dazu. Einige davon finden Sie im Anhang (↑ S. 163) aufgelistet. Logischerweise kann ich hier auf die Methoden und Techniken der Verführungskunst im Einzelnen nicht eingehen (nicht wenig davon hat mit Manipulation und auf den ersten Blick gesehen mit „Tricks" zu tun). Wenn Sie sich intensiver mit dem Thema beschäftigen, werden Sie erstaunt sein, welch ausgefeilte Techniken von den großen Vorbildern der „Pick-up"-Gemeinde (meint so viel wie: „Frauen aufsammeln") in ihren Büchern geschildert und sogar in Seminaren gelehrt werden. (Einen guten Überblick auf Deutsch finden Sie in dem Buch „Der perfekte Verführer" von Oliver Kuhn.)

Beziehungen sind in ein paar Regeln gegossene fortgesetzte Verführungen.

Statt auf Details einzugehen, will ich Ihnen hier eher den Rahmen schildern, in dem Ihr Verhalten stattfinden soll, um erfolgreich zu sein, sozusagen, die Philosophie, mit der Sie das Ganze angehen sollten. Vergessen Sie nie: Auch Ihre Dauerbeziehung ist nichts weiter als eine in ein paar Regeln gegossene fortgesetzte Verführung. Ein Verführer muss nicht unbedingt auf der „Pirsch" sein.

Die Grundlagen schaffen

Im Zentrum steht das Selbst. Damit ist Ihr Wesenskern gemeint plus Ihre Ausstrahlung, auf neudeutsch Ihre „personality". Wenn Sie von Haus aus ein Rudelführer sind, wenn Sie hohen sozialen Status genießen und von Ihren Freunden gern um Rat gefragt werden – dann machen Sie wahrscheinlich ohnehin intuitiv alles richtig und brauchen sich darum nicht viel Gedanken zu machen. Wenn Sie öfters das Gefühl haben, in der zweiten Reihe zu stehen und nur die Brotkrumen abzukriegen, die andere übrig lassen, dann schon. Frauen reagieren auf starke, dominante Männer, manchmal mit aggressivem Widerstand, manchmal mit Unterwerfungsgesten – aber sie reagieren. Als „guter Junge", der versucht, unauffällig alles richtig zu machen, werden Sie aber überhaupt nicht beachtet. Oder im besten Fall als Köder, Opfer oder Alibi-Mann eingespannt.

Der berühmte kroatische Verführungskünstler Daniel „Badboy" Nesse, nicht wirklich ein hübscher Kerl, geht zu zwei Frauen, die im Café sitzen, krallt sich an den Tisch, schaut den beiden Mädels in die Augen und sagt: „Ihr werdet euch gleich in mich verlieben. Ihr gehört jetzt mir." Erstaunlicherweise ist er damit erfolgreich, und ein paar Minuten später im angeregten Gespräch mit den Damen, aus dem sich vermutlich noch mehr entwickelt. Daniel geht von dem simplen Grundsatz aus, dass Frauen seit Anbeginn der Zeit auf männliche Stärke programmiert sind. Und dass sie diesem eisernen Gesetz auch nicht entfliehen können, selbst wenn sie es wollen. Die Instinkte und Gefühle sind stärker als der Verstand. Er sagt: „Die Anmache muss sich anfühlen, wie der Einschlag einer Rakete."

Dieses Extrembeispiel ist natürlich für Anfänger nicht zur Nachahmung empfohlen! So was können Sie nur bringen, wenn Sie tatsächlich eine mächtige unerschütterliche männliche Ausstrahlung haben. Nur dann ist es authentisch, nur dann kann es funktionieren. Aber auch für subtilere und sanftere Methoden des Ansprechens und Kennenlernens müssen Sie im Grunde die gleiche Einstellung mitbringen: sprühendes Selbstvertrauen, Überzeugungskraft, Geradlinigkeit plus – darauf kommen wir später noch – Humor.

Laden Sie Ihr Ego mit allem auf, was Ihnen zur Verfügung steht, ehe Sie sich daranmachen, eine fremde Frau anzusprechen. Denken Sie an Ihre Erfolge, an ein Meeting, bei dem Sie die Führung übernahmen und überzeugten, an eine gelungene Präsentation, an einen Liebesbrief, den Sie bekamen, oder an den Stuhl, den Sie neulich gezimmert haben. Je nach Ihren Fähigkeiten: Sehen Sie Ihre Stärken! Sie besitzen vielleicht keinen Hubschrauber und kein Unterseeboot, aber Sie sollten sich so fühlen. Wie ein Eroberer der Lüfte, der Meere – und der Frauen. Lieben Sie sich selbst und lächeln Sie, wenn Sie rausgehen. Oder, falls Sie tatsächlich gerade eine schwierige Zeit durchleben: Trainieren Sie sich das Lächeln wenigstens an.

Seien Sie kommunikativ. Aktivieren Sie Ihren Freundeskreis. Sie können nicht erwarten, fünf Jahre bewegungslos auf dem Sofa zu sitzen und dann zum großen Eroberer zu mutieren. Richten Sie Ihre Kommunikation nicht nur auf Frauen, die Sie vielleicht kennenlernen wollen, sondern sprechen Sie mit allen Leuten. Sprechen Sie auch beiläufig mit Frauen, die Sie nicht interessieren. Es gibt keine verlorene Kommunikation.

Es gibt keine verlorene Kommunikation.

Vielleicht werden Sie auf eine Party eingeladen und treffen dort Ihre Traumfrau, vielleicht ist es die Freundin einer Bekannten, die Sie im Park treffen.

Und das Wichtigste: Seien Sie konsistent. Es ist gar nicht so wichtig, welcher Typ Sie sind: der Rocker in der Fransenjacke, der Intellektuelle mit der Zeitung unterm Arm, der Freakige mit dem Hippie-Hemd oder der Geschniegelte im Anzug. Seien sie es aber von innen raus und konsequent. Folgen Sie nur Ihrer inneren Vorgabe. Haben Sie eine mutige Meinung zu den Dingen – und vertreten Sie diese. Lassen Sie sich in Ihrem Selbst nicht erschüttern, schon gar nicht von einer Frau, die Sie nur testen oder necken will. Zeigen Sie, um es jetzt doch mal auszusprechen, konsequentes Alpha-Verhalten.

Schließlich noch ein Wort zum Aussehen: Für Frauen ist es nicht entscheidend, wie Sie aussehen. Was Sie allerdings **aus sich machen,** ist durchaus entscheidend. Es sagt etwas über Ihre Selbsteinschätzung, über Ihren sozialen Status und über Ihre ganze Persönlichkeit aus. Machen Sie deshalb das Beste aus sich. Gönnen Sie sich einen neuen Haarschnitt, achten

Sie auf saubere und gepflegte Fingernägel, legen Sie sich mal wieder neue Klamotten zu. Und achten Sie um Gotteswillen auf Ihre Schuhe! Es ist schlimm, mit was für Tretern viele Männer durch die Gegend schleichen.

Vor dem ersten Ansprechen

Sie können Frauen immer und überall ansprechen und sollten dies, wenn Sie Ihre kommunikativen Fähigkeiten verbessern wollen, auch tun. Es gibt fast keinen Ort, der für eine erste Kontaktaufnahme nicht geeignet wäre. Ob es der Supermarkt ist, die Bäckerei, der Park, die Bibliothek oder die U-Bahn. Oder tausend andere Gelegenheiten: Es geht immer. Nur, manche Umgebungen machen es etwas schwieriger, das sind die, in denen die Frau in Hektik und Eile ist und dringend wieder weg muss. Also etwa kurz vor der Abfahrt eines Zuges auf dem Bahnsteig oder an einer Tankstelle wird es nicht ganz so einfach sein. Andere Umgebungen machen es einfacher, das sind jene, in denen Frauen ohnehin Zeit haben und sich die Zeit vertreiben: etwa beim Schaufensterbummel, beim Shopping oder beim Lesen im Park. Und dann gibt es noch die Situationen, die einen Flirt beinahe erzwingen: Das ist immer dann der Fall, wenn die soziale Kontrolle etwas heruntergefahren ist, etwa beim Karneval und großen Festen und Partys aller Art. Und schließlich noch die Gelegenheiten, bei denen per se große Gefühle im Spiel sind: Hochzeiten, Beerdigungen,

Angst und Krisensituationen (s. u.). Um Letzteres noch etwas zu verdeutlichen: Wenn Sie ein wirklich aufregendes, adrenalingetränktes Leben führen, werden Sie dieses Buch nie in die Hand nehmen müssen. Aber wer von uns tut das schon noch?

||| **Aufregung und Erregung gehen ineinander über**
Ein Klassiker der Psychologie ist das Brückenexperiment von Donald Dutton und Arthur Aron von 1974. Die Forscher schickten dabei Männer über die längste Hängebrücke der Welt, 140 schwankende Meter in schwindelnder Höhe über den Capilano-Canyon in der Nähe der kanadischen Stadt Vancouver. Auf dem gefährlichsten Punkt des Wegs wurden die nichtsahnenden Brückengeher von einer sehr attraktiven Mitarbeiterin des Psychologenteams unter dem Vorwand gestoppt, einen (belanglosen) Fragebogen auszufüllen. Als das erledigt war, gab die Schöne ihre Telefonnummer und sagte, man könne sich ja mal verabreden, wenn mehr Zeit sei. Die gleiche Versuchsanordnung wiederholte man auf einer soliden, nichtschwankenden Holzbrücke nicht weit davon. Ergebnis: Viermal mehr Männer von der Hängebrücke riefen bei der schönen Psycho-Assistentin an, um sich mit ihr zu verabreden! Die Aufregung, die die Männer auf der Hängebrücke spürten, so schlossen die Psychologen, übertrugen sie auf die Frau. Die Frau war für sie erregend geworden, weil die Situation es war.

Machen Sie sich aber klar, dass es nicht den „passenden" oder „unpassenden" Moment gibt, dass es nie die perfekte Situation geben wird. Letztlich sind Sie es, der die Situation bestimmen muss, und das müssen Sie der Frau, die sie anpeilen, auch vermitteln. Wenn Sie eine Frau ansprechen, dann tun Sie das beiläufig, aber gezielt. Mit Ihrer Körpersprache, mit Ihrem ganzen Auftreten geben Sie zum Ausdruck, dass es für Sie das Normalste der Welt ist, eine fremde Frau anzusprechen. Und so sollte es auch sein. Schenken Sie ihr am Anfang auch nicht allzu viel Aufmerksamkeit. Nehmen Sie es spielerisch.

Der erste Kontakt

Der erste Kontakt muss wie ein Blitzschlag sein. Nicht, weil sich „unsere Seelen in den ersten paar Sekunden erkennen", sondern weil Sie der Frau in den ersten paar Sekunden zeigen, was für ein Kerl Sie sind. Nachdem eine Frau Sie wahrgenommen hat, haben Sie nur ein paar Sekunden Zeit, um das Richtige zu tun. Oder Sie lassen die Gelegenheit vorbeigehen.

Neulich im Supermarkt: Er steht beim Obst und sieht eine unglaublich attraktive schwarzhaarige Frau, die sich einen Wagen greift. Als sie an ihm vorbeischiebt, sagt er: „Na, das ist ja wieder mal ein Stau hier." Sie schaut ihn erstaunt und lächelnd an und sagt: „Ja, um diese Zeit immer!" Sie ist in Bewegung und nicht leicht aufzuhalten, aber ein erfahrener

Verführer wird es schaffen. Er wird vielleicht sagen: „Sag mal, ich suche Chili, die ganz scharfen, haben die die hier nicht?" Sie wird ihren Wagen stoppen, und die Dinge können ihren Lauf nehmen.

In unserem Fall war der Mann etwas abgelenkt, der Stopp-Spruch blieb aus und die Frau schob mit ihrem Wagen weiter. Aber er bekam eine zweite Chance. Wenige Sekunden später stand sie unmittelbar neben ihm an einem Regal und suchte etwas. Das ist jetzt die

Der erste Kontakt muss wie ein Blitzschlag sein.

definitiv letzte Chance! Jetzt muss er etwas tun. Zum Beispiel könnte er ihr in die schönen schwarzen Augen schauen und sagen: „Schöne Schuhe hast du an." Natürlich ohne einen Blick auf die Schuhe, stattdessen den Blick über ihre Figur schweifen lassen. Wenn unser Testmann auch Chance zwei verpasst, ist es aus.

Nehmen wir ein anderes Beispiel: Im Park sehen Sie eine enorm attraktive Frau auf einer Bank sitzen, von den Sonnenstrahlen gestreichelt und in einen Schmöker vertieft. Sie würden diese Frau gern kennenlernen, sie ansprechen. Wenn Sie das wollen, müssen

Eine Frau wird Ihr Zögern und Ihre Unsicherheit spüren.

Sie es sofort tun. Am besten noch, bevor Sie sich hinsetzen. Sie sagen vielleicht: „Ich setz mich hier mal aufs schattige Ende der Bank, ok? Mir ist nämlich ganz heiß." Oder Sie lassen sich einen anderen Spruch einfallen, egal. Wenn Sie sich aber dazusetzen, nichts sagen und Zeit vergehen lassen, verlieren Sie mit jeder Sekunde. Besonders, wenn die Frau Ihre Unsicherheit und Ihr Zögern spürt. Und das wird sie! Nicht wenig später wird sie ihr Buch zusammenklappen, Ihnen vielleicht ein „schönen Tag noch" hinwerfen und weiterschlendern. Was soll sie denn mit so einem Loser auf Ihrer Bank? Er blockiert doch nur den Platz für einen richtigen Kerl.

Es ist also tatsächlich so, dass die ersten paar Sekunden entscheiden. In den ersten paar Sekunden geben Sie zu erkennen, ob Sie die Frau wollen und auch Manns genug sind, sie zu bekommen. Natürlich können Sie nicht erwarten, dass jedes Ansprechen positiv verläuft. Es wird auch Frauen geben, die Sie eiskalt abblitzen lassen. Aber es gehört zum Spiel, dass Sie bereit sind, dieses Risiko einzugehen. Wenn Sie mehr Erfahrung haben, werden Sie merken, dass Sie an einer Frau, die sie schon in einer unverfänglichen höflichen Gesprächssituation schlecht behandelt, sowieso keine Freude in einer Beziehung gehabt hätten. Für starke, selbstbewusste und positive Frauen ist eine freundliche, neckische Kontaktaufnahme keine Belästigung, sondern ein Vergnügen.

Es gehört zum Spiel, das Risiko einzugehen.

Sicher gibt es tolle Anmachtricks und -sprüche, manche sind so ausgefeilt wie ein Klavierkonzert, das können Sie in der einschlägigen Literatur nachlesen. Und sicher stimmt es, dass Sie eine Frau nicht mit banalen, blöden Baggersprüchen nerven sollten, die sie schon tausendmal gehört hat. Noch wichtiger als, was Sie sagen, ist aber, wie Sie es sagen. Achten Sie auf Ihre Körperhaltung, Ihren Augenkontakt, Ihr Lächeln, Ihre Entspanntheit. Wenn Sie Anfänger sind, sollten Sie darauf zunächst Ihr Augenmerk legen. Oft reicht dann schon ein simples „Hi!" oder, wie oben, ein situationsbedingter Spruch, damit liegt man nie verkehrt.

Wenn die Situation passt, liebt es fast jede Frau, angesprochen zu werden. Gerade die schönsten und scheinbar unnahbarsten Frauen sind dafür empfänglich. Die Situation, dass Männer vor Ehrfurcht vor ihnen erstarren und den Mund nicht aufkriegen, kennen

Fast jede Frau liebt es, angesprochen zu werden.

sie zur Genüge. Sie bekommen weniger von der männlichen Aufmerksamkeit, als sie verdienen – einfach weil die meisten Männer sich nicht trauen. Seien Sie also mutig. Es kann ja nicht viel schiefgehen. Oder haben Sie etwas zu verlieren? Wenn Sie aber auf einer Party nur mit der Bierflasche vor der Brust an der Wand stehen, werden Sie zu nichts kommen. Sie müssen schon etwas dafür tun, denn Traumfrauen fallen Ihnen nicht von der Himmelspforte genau vor die Füße.

Small Talk

Der Small Talk, der sich ans Kennenlernen anschließt, hat so etwas wie eine Pufferfunktion, ehe es auf der Rolltreppe der Mann-Frau-Interaktion weiter nach oben geht. Im Small Talk sagt man zwischen den Zeilen nichts weiter als: „Schau her, ich bin friedlich. Wenn es zwischen uns weitergeht, hast du nichts zu befürchten." Die Worte, die tatsächlich gesprochen werden, könnten so lauten: „Chili, ja, das brauch ich einfach. Ich mag's gern scharf. – Übrigens, ich kaufe hier zwar recht oft ein, aber ich hab dich noch nie gesehen. Wie kommt's?" Sie: „Der Supermarkt, in dem ich sonst immer einkaufe wird gerade umgebaut. Ich wohne nur ein paar Ecken von hier …"

Die Phase des Small Talk ist nur ein paar Minuten oder ein paar Sätze lang. In manchen Situationen, nämlich da, wo das Kennenlernen von Menschen und soziale Interaktion sowieso im Zentrum stehen, – etwa auf Partys oder in einer dichtgedrängten Bar – kann man diese Stufe komplett auslassen und zur nächsten übergehen. Ebenso überflüssig ist Small Talk, wenn eine Frau auf einen Anmachspruch sehr selbstbewusst, neckisch und offensiv reagiert.

Necken und anfassen

Ein Schlüssel zur Eroberung einer Frau ist ein Verhalten, das der amerikanische Verführungs-Guru David DeAngelo „cocky and funny" genannt hat, frei übersetzt selbstbewusst und neckisch. Wir können dieses Verhalten auf jedem Schulhof beobachten: Die Jungs versuchen, die Aufmerksamkeit ihrer Auserwählten zu bekommen, indem sie sie triezen und necken. Sie sagen etwas, das das Mädchen auf die Palme bringt, sie ziehen sie ins Lächerliche, ärgern sie mit derben Sprüchen oder betatschen sie.

Nach dem gleichen Muster, aber natürlich in abgeschwächter und zivilisierter Form funktioniert das ein Leben lang, auch wenn es uns vielleicht nicht bewusst ist. Ziel des Spiels ist auch hier: Man kommt sich näher, vor allem körperlich.

Die Frau wird den Mann vielleicht scherzhaft in den Arm boxen, weil sie über irgendetwas pikiert ist, das er

Erfolgsrezept: „cocky and funny"

sagt. Er wird ihr lachend den Arm über die Schulter legen – und zum nächsten Thema wechseln. Wenn Sie die Strategie des „cocky and funny" verinnerlicht haben, wird es Ihnen tausendmal leichter fallen, einer Frau näherzukommen.

Nehmen wir ein Negativbeispiel: Ein Mann lernt auf einer Party eine Frau kennen, die ihm sehr gefällt, der er gern näherkommen würde. Sie ist nicht abgeneigt – und die beiden setzen sich in einem ruhigeren Nebenraum auf ein Sofa und reden miteinander. Er findet die Frau so toll, so hinreißend, dass er ihr alles von sich aufrichtig erzählen will. So redet er also über sich, über seine Vergangenheit, was er bisher so gemacht hat, vielleicht sogar über seine Ex-Beziehungen. Kurz: Er schüttet sein ganz Leben vor ihr aus. Schon nach kurzer Zeit merkt er aber, dass die Frau anfängt zu gähnen und ihr Interesse stark nachlässt. Wo liegt das Problem? Ganz einfach: Er war das Gegenteil von „cocky and funny", er war bierernst und langweilig. Er hat sich in doppelter und dreifacher Hinsicht disqualifiziert: Er hat die Frau nicht unterhalten, er hat keine Spannung erzeugt, er hat sogar noch von seinen Niederlagen in der Vergangenheit berichtet! Schlechter kann man es kaum noch machen. Für die Frau eignet er sich jetzt allenfalls noch als Statist, während sie sich nach einem echten Kerl umsieht.

„Cocky and funny" heißt zum Beispiel: Nicht immer auf eine Frage der Frau antworten – oder jedenfalls nicht so, wie sie es erwartet. Sie mit zweideutigen Komplimenten necken. Nicht alles von sich zu erzählen. Lieber eine gute Phantasiegeschichte als eine triste Wahrheit. Übertreiben Sie, aber relativieren Sie gleich wieder. Das hat nichts mit Protzen zu tun. Sie tun nichts weiter, als die Intelligenz der Frau ein wenig auf die Probe zu stellen. Nehmen Sie sie auf den Arm, erzählen Sie eine dreiste Lügengeschichte – lösen Sie aber hinterher auf, dass es ein Scherz war. Nehmen Sie die Frau nicht so ganz ernst – oder geben Sie ihr jedenfalls dieses Gefühl. Seien Sie scherzhaft und humorvoll. Lachen Sie über die Frau und über sich selbst. Altmeister Jerry Lewis sagte: „Die meisten Frauen lachen gern, bevor sie anfangen zu küssen."

Und genau darauf läuft es hinaus. Wenn Sie eine Frau spielerisch und neckisch behandeln, geschehen Berührungen ganz automatisch. Sie stößt Sie im Scherz weg, knufft Sie in den Arm oder zwickt. Und Sie haben die Gelegenheit, sie zu besänftigen, indem sie ihr die Hand auf den Oberarm oder auf die Schulter legen. Wenn Sie schon etwas weiter sind, streichen Sie ihr über die Haare – und so weiter.

Das Lachen kommt vor dem Küssen.

Grundsätzlich gilt: Beginnen Sie mit Berührungen so früh wie möglich. Wenn es geht, schon beiläufig beim ersten Kontakt oder beim Small Talk. Je länger Sie damit warten, umso schwieriger wird es. Sie kennen sicher die Situation, dass Sie in einem Café einer Frau gegenübersitzen und das Gefühl haben, Sie müssten jetzt endlich mal ihre Hand nehmen – aber die kriegen Sie nicht zu fassen. Dann sind Sie viel zu spät dran! Die Frau lässt Sie gerade auf der Rasierklinge tanzen – und wahrscheinlich abstürzen. – Wenn Ihnen das alles unglaublich schwer fällt, dann machen Sie alltägliche Berührungen zur Selbstverständlichkeit: Umarmen Sie auch Ihre männlichen Freunde, legen Sie dem Obstverkäufer die Hand auf die Schulter, umarmen Sie weibliche Bekannte, die Ihnen nahestehen. Als überlegener Mann, und das sind Sie als guter Verführer, ist es für Sie nicht nur eine Selbstverständlichkeit, fremde Frauen anzusprechen, sondern sie auch – mit gebotener Sensibilität – anzufassen.

Bedenken Sie: Es gibt kein Patentrezept für die Dosis, die Sie anwenden müssen. Reagieren Sie spontan und individuell. Manche Frauen mögen es, wenn man „cocky and funny" bis zum Letzten ausreizt und sogar noch steigert in ein Verhalten, das man „push and pull" nennt: kurz gesagt ein Wechselbad der Gefühle, in das man die Frau stürzt. Zum Beispiel durch Komplimente, konterkariert durch kleine Beleidigungen oder Anzüglichkeiten. In einem Moment fühlt sie sich geschmeichelt, im nächsten mit kaltem

Wasser übergossen. Am Ende der Achterbahnfahrt wird sie erschöpft in Ihre Arme sinken. Andere Frauen begeben sich gern zügiger in ruhigere, emotionale Gefilde. Ob Sie „cocky and funny" forcieren oder bremsen sollten, das müssen Sie erspüren. Seien Sie sich aber im Klaren, dass es die erfolgversprechendste Strategie ist, um einer Frau näherzukommen. Sehen Sie sich bei der nächsten Party mit den Augen einer Frau: Sind Sie ein bierernster Langweiler oder ein „Cocky and funny"-Typ?

Die emotionale Bindung verstärken

Nachdem sie sich nun schon auf spielerische Art und Weise nähergekommen sind, können Sie eine weitere mächtige Waffe einsetzen: Emotionen. Stellen Sie eine emotionale Verbindung zwischen sich und der Frau her, indem Sie etwas von sich preisgeben. Tauchen Sie – vielleicht ganz überraschend – in die Tiefe Ihres Wesens ein. Zeigen Sie der

Eine Frau will Ihre Wahrhaftigkeit spüren.

Frau, dass hinter dem unterhaltsamen und schlagfertigen Typen, den sie eben kennengelernt hat, eine tiefe, tiefe Seele steckt. Ein Mann, der nicht nur oberflächlich erheiternd ist, sondern den man für seine Wahrhaftigkeit lieben muss.

Gut, ich habe das jetzt etwas kitschig ausgedrückt. Aber die Richtung stimmt. Das Herstellen dieser emotionalen Verbindung nennen Fachleute „Rapport" – und es ist der Gegenpol zum „Cocky and funny"-Verhalten. Man könnte auch sagen, es ist die Belohnung dafür, dass die Frau bisher unser lustiges Spiel so begeistert mitgespielt hat. Verwenden Sie dieses Mittel gezielt und überlegt. Nicht alle Frauen reagieren positiv darauf, besonders solche, die selbst nicht ganz mit sich im Reinen sind. Bei starken, selbstbewussten Frauen ist das Herstellen einer emotionalen Verbindung aber ein notwendiger (und schöner) Schritt auf der Stufenleiter des Kennenlernens.

Ein Beispiel: Sie haben die Frau eben in einer Bar kennengelernt und treten zusammen auf die Straße. Sie blicken nach oben und sagen: „Was für eine klare Nacht heute. Sieh mal diese vielen Sterne. Ich war mal auf einer Insel, da konnte man das Band der Milchstraße wie eine magische Deckenbeleuchtung über sich sehen. Milliarden von Sternen. Das relativiert einen, da merkt man, dass man gar nicht so wichtig ist. Kennst du auch so magische Momente?"

Oder: Sie sitzen jetzt mit der Frau, die Sie im Park entdeckt hatten, auf der Parkbank. Mit etwas Small Talk und Necken haben Sie sie für sich interessiert. Dann schauen Sie versonnen nach oben und sagen: „Diese Bäume erinnern mich an die Spaziergänge mit meiner ersten Freundin. Wir waren fast noch Kinder, aber es war eine große Liebe. Ich

Die Bewegungen synchronisieren sich.

glaube, wir wären heute noch zusammen, wenn nicht …" Sie: „Wenn nicht, was?" „Sie ging mit Ihren Eltern nach Kanada, als sie 16 war. Ich hab nie wieder was von ihr gehört … Hast du auch schon mal so was erlebt?"

Und dann lassen Sie die Frau reden und ihre Emotionen mit Ihnen teilen. Hören Sie aufmerksam zu und geben Sie ihr das Gefühl, ganz da zu sein. Wenn die Kommunikation stimmt, wird sich wie von selbst eine Synchronität ihrer beider Bewegungen einstellen. Sie sitzen einander zugewandt, Sie greifen sich ans Kinn, sie wird es auch tun. Sie lehnen sich zurück, sie wird es ebenfalls tun. Sie können ihren Bewegungen auch bewusst folgen, aber achten Sie darauf, dass nach einiger Zeit Sie die Führung übernehmen und sie Ihnen folgt.

Wenn Sie gut darin sind, werden Sie es nach einiger Zeit schaffen, die Frau in eine Stimmung zu versetzen, in der sie sich besser fühlt als je zuvor im Leben — etwas überspitzt ausgedrückt. Aber genau diese Stimmung ist es, die dazu führen wird, dass die Frau sich nichts sehnlicher wünscht, als mit Ihnen zusammenzusein, so innig es geht. Sie ist (bald) bereit für Sex. Übrigens: Das ist jetzt der richtige Moment, um der Frau zu sagen, dass Sie sie mögen.

Aber Vorsicht: Übertreiben Sie das Spiel mit den Emotionen nicht. Dienen Sie sich nicht als „beste Freundin" an, der man alles erzählen kann. Sonst disqualifizieren Sie sich. Würzen Sie das Gespräch mit Neckereien, Dominanzgesten und Ironie. Zeigen Sie sich männlich, aber mit einer tiefen Seele (oder wahlweise auch mit einer geheimnisvollen oder vielschichtigen). Heben Sie durch Ihre Emotionalität das Selbstwertgefühl der Frau und wecken Sie ihre Lust.

Wie die Gruppe hilft und stört

Gruppensituationen sind sowohl hinderlich als auch förderlich: Sie verhindern es, dass Sie allein und ungestört mit Ihrer neuen Freundin sprechen können, andererseits können Sie in der Gruppe Ihren sozialen Status demonstrieren. Oliver Kuhn bringt es in „Der perfekte Verführer" mit dieser Geschichte auf den Punkt: Der amerikanische Flirtguru Mystery sieht an einer Bar eine echte Traumfrau stehen, die er gerne haben möchte. Sie ist umgeben von schicken Typen, die auf sie einreden. Er selbst, optisch nicht grade ein Traumprinz, würde bei einer einfachen Anmache abblitzen.

Nichts erhöht Ihr soziales Prestige so sehr wie Frauen an Ihrer Seite.

Was tut er? Er geht zunächst zu zwei anderen Frauen, die an einer anderen Seite der Bar stehen und kommt mit ihnen ins Gespräch (das fällt ihm leicht, schließlich ist er ein Flirtguru). Nach einiger Zeit bringt er die beiden dazu, mit ihm quer durch den Raum zu gehen. Sie lachen, halten sich links und rechts an ihm fest, scherzen. Erst dann, als sie vor der Traumfrau angekommen sind und ihr Blick auf die Gruppe fällt, lässt er die beiden Mädels stehen und geht schnurstracks auf die Auserwählte zu …

In der Tat ist es so, dass nichts Ihr soziales Prestige so sehr erhöht als Frauen, die Sie umgeben. Wenn Sie noch nicht so weit sind, dann sind es Ihre männlichen Freunde, die Sie unterstützen können. Achten Sie auf Ihre Interaktion mit Ihren Freunden. Die Rolle, die Sie in Ihrer eigenen Gruppe einnehmen, vermitteln Sie der Frau, die Sie anpeilen. Streben Sie also nach Autorität und Ansehen. Mein Onkel war zu seiner Zeit der größte Frauenverführer östlich von München. Und er war auch ein Mann, der einen ganzen Tisch mit seinen Erzählungen unterhalten konnte. Diese Fähigkeiten hängen eng zusammen. Wenn Sie noch nicht so weit sind, arbeiten Sie an sich und erzählen Sie Ihrer neuen Flamme so lange Geschichten **über** Ihre Freunde und Begebenheiten mit anderen Frauen (Sie können zur Not auch schummeln).

So nett es in der Gruppe sein mag, irgendwann kommt der Moment, an dem Sie die Frau Ihrer Träume da rauslösen müssen, sonst geht es nicht weiter (der Fachmann nennt das „Isolation"). Versuchen Sie deshalb auch ein gutes Verhältnis zu den Freundinnen und Freunden Ihrer neuen Bekannten aufzubauen – damit Sie Ihnen keine Steine in den Weg legen.

Auf der Zielgeraden

Es ist ein Märchen, dass Frauen nicht schnell zum Sex bereit wären. Es hängt nur davon ab, ob Sie sie in die richtige Stimmung gebracht haben (siehe die Stufen oben). Nur männliche Opfer und „gute Jungs" lassen sich mit Dutzenden von Treffen ohne Sex abspeisen. Die Frauen, die das tun, wollen nicht diesen Mann, sondern verfolgen meist ein ganz anderes Ziel. Beobachtungen zufolge durchläuft ein Paar die oben genannten Stufen der Annäherung in etwa sechs bis sieben Stunden. Danach ist die Frau bereit für Sex. Diese Zeit kann natürlich auch auf mehrere Treffen aufgesplittet sein, denn es ist doch unwahrscheinlich, dass Sie eine Frau nachmittags im Supermarkt ansprechen und abends mit ihr im Bett sind. Dagegen sprechen zu viele äußere Hindernisse: Termindruck, ein durchgeplanter Tagesablauf, Konventionen (deshalb klappt das so viel besser im Urlaub, wo diese Hindernisse wegfallen).

Die sechs bis sieben Stunden sind aber ein realistischer Wert. Oder um es anders auszudrücken: Wenn die Voraussetzungen stimmen und die oben erwähnten Stufen der Annäherung erfolgreich durchlaufen wurden, dann passiert Sex entweder sofort oder beim zweiten oder dritten Tref-

Nach dem vierten Treffen nimmt die Wahrscheinlichkeit für Sex rapide ab.

fen. Spätestens beim vierten. Danach sinkt die Wahrscheinlichkeit rapide – irgendetwas ist schiefgelaufen. Ja, nun, ist Sex denn so wichtig? Ja, Mensch, ich dachte, die Frau gefällt Ihnen? Sie wollen Spaß mit ihr? Oder Sie wollen sogar eine „Beziehung" zu ihr? Ohne Sex können Sie an eine Beziehung nicht mal denken, dann sind Sie so weit davon entfernt wie ein Pinguin von einer Tropeninsel. Klar, Sex ist natürlich auch kein Garant für eine Beziehung, aber es ist immerhin ein Anfang.

7 Wie hat man guten Sex?

Es ist immer wieder erstaunlich, wie wild, ungezügelt und gewaltig sich die Sexualität einer Frau entfalten kann – wenn die Rahmenbedingungen stimmen. Männer, die denken, für Frauen würde Sex eine geringere Rolle spielen als für uns Männer, oder sie hätten „weniger Lust", täuschen sich. Eine Frau, die sexuell entfesselt ist, entfaltet gewaltige Energien – für unerfahrene Männer manchmal sogar ein Schock. Allerdings: Die weibliche Sexualität prescht nicht so sehr nach vorne wie die des Mannes, sie ist reaktiver und abwartender. Das hat evolutionsbiologisch mit der auswählenden Rolle der Frau bei der Partnerfindung zu tun. Eine Frau konnte es sich niemals leisten, ihren sexuellen Wünschen ungebremst zu folgen. Sie ist darauf programmiert auszuwählen, zu selektieren, nach zahlreichen „Tests" den richtigen Partner (mit den besten Genen) herauszufinden und mit ihm Sex zu haben. Sie ist nicht darauf programmiert, mit dem ersten besten, der ihr über den Weg läuft, Sex zu haben, selbst, wenn er ihr gefällt. (Obendrauf kommen gesellschaftliche Normen. „Man tut das einfach nicht, so schnell mit jemandem ins Bett zu gehen …")

Frauen sind darauf programmiert, auszuwählen und nach zahlreichen Tests mit dem richtigen Partner Sex zu haben.

Darum liegt die Verantwortung für den weiteren Ablauf des Abends auch vorwiegend in Ihrer Hand, lieber Leser, in der Hand des Mannes. Wenn Sie die Initiative nicht ergreifen, wird es niemand tun. Doch selbst, wenn Sie jetzt dann gleich mit der Frau schlafen wollen, ist es besser, wenn Sie Ihre sexuellen Absichten – auch auf dem Nachhauseweg – noch nicht allzu deutlich zum Ausdruck bringen. Das klingt altmodisch, ist aber der bessere Weg. Lassen Sie den Abend lieber so verlaufen, als wäre es „einfach so passiert." Letztlich geht es darum, die genetische Programmierung und die gesellschaftlichen Normen zu überlisten – und zwar gemeinsam mit der Frau. Sie will das auch. Sie möchte aber, dass das unausgesprochen bleibt. Sie sollten nicht einmal darüber nachdenken. Sie beide konstruieren jetzt ein Szenario, bei dem es am Ende „einfach so passiert". Dazu gehört die Frage „Noch ein Kaffee oben?" ebenso wie diese: „Magst du noch die Fotos vom mexikanischen Quetzalcoátl-Tempel sehen?" Sie wissen beide, dass das Unsinn ist. Aber das ist ja ganz egal jetzt.

Schaffen Sie den richtigen Rahmen

Wenn Sie Ihre Partnerin schon eine Weile kennen, kann es schön sein, einmal schnell, direkt und unmittelbar zur Sache zu kommen. Auch viele Frauen lieben das. Bei einer ganz neuen Bekanntschaft sieht das natürlich etwas anders aus. Da gehen wir das Ganze gepflegt und romantisch an.

Deshalb hier ein paar Worte zu einem Thema, das man etwas altbacken „Vorspiel" nennt. Aber nicht missverstehen: „In Stimmung kommen" ist für jede Frau Grundvoraussetzung für Sex. (Nur: Bei einer Partnerin, die Sie gut kennen, lässt sich das manchmal in ein paar Sekunden oder Minuten erreichen.)

Wie bringt man also eine Frau, die man noch kaum kennt, in die richtige Stimmung? Nun, Sie haben das ja schon getan, wenn Sie die Stufen, die ich im letzten Kapitel geschildert habe, gemeinsam gegangen sind. Gehen Sie jetzt einfach den Weg spielerisch weiter. Nehmen wir mal den Fall an, dass Sie nach einem vergnügten, prickelnden Abend in Ihrer Wohnung gelandet sind. Und nun?

Im günstigsten Fall (sieht man häufig in Filmen) ist es so, dass Sie sich gleich nach Schließen der Wohnungstür gegenseitig die Kleider vom Leib reißen (ja!). In der Regel geht es aber doch zunächst noch etwas verhaltener weiter. Nachdem die Unternehmung des Abends hoffentlich möglichst spannend, energiegeladen und abwechslungsreich war, können Sie nun eine Oase der Ruhe und Entspannung schaffen. Grundvoraussetzungen: eine saubere, aufgeräumte Wohnung, gedämpftes Licht, leise (Instrumental-)Musik. Eine Kerze, auf den Sofatisch gestellt, kann Wunder wirken, eine einzelne schöne Blume in einer schlanken Vase ebenso. Schließen Sie Störungen aus (Telefon leise etc.).

Eine Frau, die im Geist nicht bereit für Sex ist, wird es mit dem Körper auch nicht sein. Der Mann macht nun, vielleicht auf dem Sofa, da weiter, wo er zuvor aufgehört hat: mit sanften Berührungen, Küssen, Neckereien und/oder einem emotionalen Gesprächsthema. Er krault beiläufig ihren Nacken, während er mit ihr spricht. Er bringt alle Sinne der Frau zum Schwingen. Hilfreich: ein Glas (Rot-) Wein, die Kerze, Musik im Hintergrund, ein paar Leckereien auf dem Tisch, mit denen sie sich gegenseitig füttern können. Top: Erdbeeren, gut auch Weintrauben, Oliven, Schokolade. Nüsse weniger, weil die Krümel meist zwischen den Zähnen steckenbleiben. Tragen Sie selbst ein sehr dezentes Parfum oder vertrauen Sie Ihrem männlichen Eigengeruch (hat nichts mit Schwitzen zu tun).

Eine Frau, die im Geist nicht bereit für Sex ist, wird es mit dem Körper auch nicht sein.

Bereiten Sie zwar den Rahmen für eine erotische Nacht, forcieren Sie aber auf keinen Fall etwas. Ihr Ziel heute abend sollte es sein, eine gute Zeit mit dieser Frau zu haben. Fixieren Sie sich nicht auf Sex. Gehen Sie im Zweifelsfall eher ein wenig auf Distanz und signalisieren Sie, dass Ihnen das alles zu schnell geht. Das ist der sicherste Weg, dass die Frau am Ende Sie ins Bett zerrt, und zwar jetzt gleich.

Der ganze weibliche Körper ist eine erogene Zone

Die Frau hat Lust auf Sie. Das, was sie im Moment nur diffus spürt, diese Anziehung zu Ihnen, wandeln Sie jetzt um in eine körperliche Spannung. Sie beginnen, die Frau sexuell aufzuladen. Sprechen Sie dabei weiter mit Ihren Worten das größte Sexorgan der Frau an: ihr Gehirn. Transformieren Sie das Ganze aber fließend in Handlungen. Berühren

Küssen schaltet die Geschlechtsorgane zumindest auf Phase „gelb".

Sie sie, küssen Sie sie, streicheln Sie sie. Der Bereich zwischen Ohrläppchen und Hals ist bei vielen Frauen eine ungemein sensible Stelle, andere Frauen haben andere magische

Geheimzonen. Erkunden Sie spielerisch und beiläufig ihren Körper, und schauen Sie, worauf sie reagiert. Berühren Sie sie. Und vergessen Sie das Küssen nicht.

Eine Frau sagt: „Erst mit seinen Küssen bringt er meinen Motor so richtig in Schwung!" Verwenden Sie einige Aufmerksamkeit darauf, gut im Küssen zu sein. Es ist und bleibt die unmittelbare Vorstufe zum Sex. Es aktiviert Hormoncocktails, die durch den Körper jagen, und es schaltet die weiblichen Geschlechtsorgane zumindest auf Phase „gelb". Achten Sie darauf, wie die Frau sie küsst und küssen Sie so ähnlich zurück. Und bei alldem: Zeigen Sie der Frau, dass Sie ihr jetzt gerade die volle Aufmerksamkeit schenken. Und das sollte bei einer so aufregenden neuen Flamme doch nicht schwerfallen, oder? Und sagen Sie ihr **jetzt**, dass sie einen schönen Körper hat.

Finale

Zeit, die Kleidung loszuwerden. Ziehen Sie sie aus oder ziehen Sie sich gegenseitig aus. Legen Sie sich zu ihr und nehmen Sie ihren ganzen Körper wahr. Streichen Sie mit den Händen über den Hintern, berühren Sie die Innenseiten der Oberschenkel und berühren Sie ihre Brüste. Erst mal sachte. Es gibt Frauen, die es überhaupt nicht ausstehen können, wenn man (jetzt schon) an ihre Brüste fasst, das kitzelt und nervt sie. Sie wollen das erst später, kurz vor dem Orgasmus. Die meisten Frauen genießen es aber von Anfang an, wenn man gekonnt ihre Brüste neckt und küsst. Und bei anderen wiederum ist es der absolute Lust-Turbo, und sie gehen fast die Wände hoch. Also austesten, was passiert.

Auf jeden Fall sollten Sie jetzt nicht mehr lange warten, das „Vorspiel" hatten wir schon. Öffnen Sie ihre Schenkel, küssen Sie sie und dringen Sie in sie ein. Dabei empfiehlt sich beim ersten Mal eher eine konventionelle Stellung, also von vorne – so können Sie der Frau weiterhin Ihre volle Aufmerksamkeit schenken, ihr in die Augen sehen, sie

Das Vorspiel hatten wir schon.

küssen und ihre Brüste Ihre Hände spüren lassen. Die Wahrscheinlichkeit ist nicht gering, dass sie noch nie so gekonnt verführt und genommen wurde. Vielleicht wird sie den Moment nie vergessen.

Es kann auch sein, dass es nicht so glatt geht: Kurz vor dem Geschlechtsverkehr gibt es in vielen Situationen noch ein

Zögern in letzter Sekunde, Experten haben auch dafür einen Fachausdruck: „last minute resistance". Gerade, wenn man ihr den Slip ausziehen will, scheint es sich die Frau doch noch mal anders zu überlegen. Hier werden innerlich nochmal alle unbewussten und bewussten Hinderungsgründe hochgespült. Gehen Sie in dem Fall ein klein wenig auf Distanz, lassen Sie der Frau etwas Luft. Gehen Sie vielleicht in die Küche und holen Sie was. Seien Sie auf keinen Fall sauer und machen Sie anschließend genau da weiter, wo sie vorher waren. Die Frau will, dass Sie auch ihre LMR spielerisch überwinden.

„Last minute resistance" – etwas ganz Normales.

Erregung ist ansteckend. Geben Sie sich bloß nicht allzu viel Mühe, die Frau „glücklich" zu machen. Das ist jetzt ein Moment, den Sie genießen können, lassen Sie sich gehen! Ihre Partnerin wird umso erregter werden, je mehr Sie erregt sind, je mehr sie Ihre Stärke fühlt, je mehr Sie Mann sind. Wie es jetzt weitergeht, hängt wirklich sehr von Ihrer Erfahrung ab. Vielleicht wechseln Sie die Stellung (Sie können die Stellung während eines Akts zwei-, dreimal wechseln, aber übertreiben Sie es nicht. Wenn Frauen das Gefühl haben, sie werden wie ein Schnitzel in der Pfanne gewendet, wirkt das sehr abtörnend). Gehen Sie in Ihre Lieblingsstellung und kommen Sie. Die Frau wird entweder mit Ihnen gemeinsam so weit sein oder sehnsüchtig auf die zweite Runde warten. Wo Sie sie dann in die höchste Umlaufbahn befördern, die sie je erreicht hat.

Das große O

Der Orgasmus ist das einzige Mysterium, das Sie täglich am eigenen Leibe erleben können. Einige fernöstliche Denk-schulen verbinden damit sogar die Auflösung der Ich-Gren-zen, das Einswerden mit dem Universum und den Göttern, ein „Bad des Körpers im Qi", der unendlichen Lebensener-gie. Wie auch immer: Sie müssen kein Weiser aus dem Morgenland sein, um bereits festgestellt zu haben, wie erup-tiv, befreiend und auch berührend es sein kann.

||| Wer gern Sex hat, überlebt

Aus evolutionsbiologischer Sicht ist der Orgasmus die Belohnung für das Fortpflanzungsbemühen: Nur wenn die sexuelle Interaktion möglichst gern und häufig wie-derholt wird, ist der Fortbestand der Art gesichert. Außerdem begünstigen angenehme intime Erlebnisse eine partnerschaftliche Bindung, denn sie laden zur Wie-derholung ein. Und eine Paarbindung – zumindest auf Zeit – ist und war die beste Voraussetzung für das Auf-päppeln des Nachwuchses. Aus Sicht der Evolutionsbio-logie ist der Orgasmus daher auch ein wichtiges Selek-tionsinstrument: Die orgasmusfähigsten Individuen hatten bessere Fortpflanzungschancen. Noch aus einem zweiten, rein körperlichen Grund: Beim weiblichen Orgasmus „taucht" der Muttermund durch die rhyth-mischen Kontraktionen des Unterleibs wie ein Stempel in die Samenflüssigkeit und saugt sie regelrecht ein.

Physiologisch laufen dabei extrem komplizierte Vorgänge ab, bei denen Hormone, schnelle Botenstoffe (Neurotransmitter) und Nervenbahnen beteiligt sind. Während die Geschlechtsorgane die nötige sexuelle Hitze erzeugen, passiert der Orgasmus schließlich als neuronales Feuerwerk im Gehirn und bündelt die sensorischen Empfindungen, die von den Geschlechtsorganen geliefert werden. Für diesen magischen Moment ist das wertende und beurteilende Großhirn außer Gefecht gesetzt – eine Befreiung von den Fesseln des Geistes. Ein archaisches Ur-Erlebnis, triebhaft, tierisch und instinktgesteuert. Und eben unheimlich befriedigend, weil körperliche und geistige Spannung gleichzeitig abgebaut werden, und das Ganze so extrem gut „schmeckt".

Der männliche Orgasmus wird üblicherweise mit der Ejakulation gleichgesetzt. Es sind aber zwei getrennte Vorgänge, die nur normalerweise parallel ablaufen. Durch spezielle Techniken können Männer es erlernen und gezielt steuern, den Samenerguss zurückzuhalten und dennoch einen Orgasmus zu erleben. Der Penis braucht dann nicht die übliche Erholungsphase, sondern der Mann kann sofort „weitermachen". Auch Männer sind also multiorgasmusfähig. Wenn Sie sich näher mit dem Thema beschäftigen, werden Sie erstaunliche Dinge erfahren. Die asiatische Liebeslehre beschäftigt sich seit jeher mit dem Thema, heute gibt es auch bei uns gute Bücher dazu (↑ Literatur S. 163). Übrigens: Es gibt auch Männer, die ohne spezielles Training multiorgasmusfähig sind: Obwohl sie ejakulieren, erschlafft das Glied nicht, und sie können nach kürzester Zeit wieder da weitermachen, wo sie eben aufgehört haben. Voraussetzungen dafür: eine Frau, die Sie extrem scharf macht, kein Stress und eine grundsätzlich sehr gute sexuelle Leistungsfähigkeit. – Auf den multiplen Orgasmus der Frau bin ich bereits in Kapitel 1 (S. 43) eingegangen.

Die Unterscheidung zwischen vaginalem und klitoralem Orgasmus bei der Frau kann man sich getrost sparen. Wahrscheinlich ist alles eins. Die Fehlinterpretation kam wohl vor allem dadurch zustande, dass die Klitoris ein viel größeres Organ ist, als man dachte: Sie ist etwa 11 Zentimeter lang und ihre Nervenenden umschließen die Scheidenwand noch tief innen. Sichtbar ist nur die Klitorisspitze. Kaum zu glauben,

Die Klitoris ist ein viel größeres Organ, als man bis vor Kurzem annahm.

dass man das erst seit 1998 genauer weiß, durch eine Publikation der australischen Urologin Helen E. O'Connel. Übrigens: Die Klitoris ist das einzige menschliche Organ, das ausschließlich für das Vergnügen da ist. Ist das nicht schön? Manchmal kann eine Frau auch „spontan" (berührungslos) oder durch eine Art „Ganzkörpererlebnis" zum Orgasmus kommen – das ist jedoch eher selten. Welche Nervenbahnen dabei eine Rolle spielen, und ob letztlich auch hier die Klitoris mit eingebunden ist, weiß niemand so ganz genau. Schauen Sie mal in ein schlaues Buch zu diesen Themen, zum Beispiel Susan Crain Bakos „Sex-Geheimnisse" oder

Lou Pagets „Der perfekte Liebhaber" (↑ Literatur, S. 163). Da können Sie die Themen nachlesen, die hier keinen Platz haben, zum Beispiel auch die weibliche Ejakulation.

Dass Sie von der weiblichen Anatomie eine Ahnung haben sollten, ist selbstverständlich. Aber das Liebesspiel ist ein Spiel und eine Kunst, keine Wissenschaft. Gehen Sie mit Kreativität zu Werke – und je nach Ihrer Erfahrung auch mit Raffinesse. Auch eine unerwartete Pause, ein Verzögern, ein Wechsel der Stellung usw. kann die Spannung steigern. Genießen Sie das Spiel, genießen Sie den Weg. Umso sicherer kommen Sie ans Ziel, umso stärker wird der Orgasmus für Sie beide. Nichts erregt so sehr, wie die Erregung des Partners zu spüren. Je weiter Sie kommen, umso mehr lassen Sie sich gehen, umso mehr werden Sie Instinktwesen, umso mehr schaltet

Beim Sex will die Göttin den archaischen Krieger spüren.

das Gehirn ab. Es gibt Situationen, und dazu gehört Sex, in denen eine Frau den archaischen Krieger in Ihnen spüren will. Der Weg zum großartigen Orgasmus führt über die gegenseitige Auflösung: Der Mann löst sich auf in die Entspannung, die Freiheit und die Leere, die Frau löst sich auf in der Hingabe, der Annahme und der Fülle.

Probleme

Immer wieder kann man von Umfragen lesen, nach denen etwa 20 Prozent der Frauen so gut wie nie einen Orgasmus bekommen würden. Ich glaube, dass das weniger mit den Frauen zu tun hat als mit ihren Partnern. Jede gesunde Frau kann Orgasmen haben, es ist nur eine Frage der Ausdauer, Technik und Erfahrung. Unerfahrene, junge Frauen tun sich manchmal schwer. Ältere über 40 Jahre, die ihren Körper in- und auswendig kennen, machen es sozusagen mit einem Fingerschnipp.

Wenn Sie merken, dass bei einer Frau nichts „vorangeht", versuchen Sie das Problem nicht sofort zu lösen. Die Frau wird sich auch freuen – und es wird sie erregen –, wenn Sie selbst Spaß haben. Meist ist es einfach so, dass sie die Technik, die sie in den orgasmischen Himmel katapultiert, noch nicht gefunden hat. Probieren Sie gemeinsam aus, was verschiedene Stellungen bewirken. (In meinem nächsten Buch mehr Tipps dazu!) Wenn Sie Erfolge merken, verstärken Sie Ihre Bemühungen in diese Richtung. Es kann dauern. Geduld. Und nicht alles auf einmal erwarten. Wenn Sie tatsächlich der erste sein sollten, der ihr dann einen Orgasmus schenkt, ist das enorm prägend, und die Frau wird kaum noch von Ihnen lassen wollen.

Stellungen

Neulich habe ich einen netten Witz gehört: „Wie viele Stellungen gibt es?" „Hm …" „Ganz einfach. Eine: Der Mann ist drin!" Keine schlechte Definition. Letztlich kommt es wirklich nicht auf die Stellung an, sondern darauf, dass Sie

„ganz bei der Frau" sind. Dass Sie den Mut haben, sich auf-
zulösen und hinzugeben. Dann wird sie es auch tun. Aber
natürlich haben unterschiedliche Stellungen verschiedene
Vor- und Nachteile. Hierfür lesen Sie aber besser ein Buch,
das sich ausführlich dem Thema widmet, oder besser: Probieren Sie es aus. Nur ein Wort zum Analsex: Es gibt
Frauen, für die ist es einfach undenkbar, die halten es für
„schmutzig" und assoziieren damit etwas Unangenehmes

Wie viele Stellungen gibt es? Eine: der Mann ist drin.

und Ekliges. Diese Frauen werden Sie
wahrscheinlich auch nicht dazu
bekommen, es zu tun. Lassen Sie es
einfach. Und dann gibt es die andere,
mindestens ebenso große Gruppe, die es total scharfmacht
und antörnt. Sie lieben das Gefühl, das ihnen ein Penis an
dieser Stelle gibt, ebenso wie die Vorstellung, etwas
„Unanständiges und Primitives" zu tun. Diese Frauen müssen Sie nicht lange bitten. Eine Frau, die es nicht mag, wird
aber wahrscheinlich ablehnen, es auch nur ansatzweise
auszuprobieren – und dadurch auch nie feststellen, was ihr
entgeht. Wie gesagt, Sie sollten es einfach dabei belassen,
denn Bekehrungsversuche haben (meist) keinen Sinn.

Noch besseren Sex

Den besten Sex werden Sie mit einer Partnerin haben, mit
der Sie vertraut sind. Dazu müssen Sie nicht alle Aspekte des

Lebens miteinander teilen oder verheiratet sein. Es reicht, wenn Sie eine gemeinsame sexuelle Geschichte haben. Das größte Sexualorgan ist, wie gesagt, das Gehirn. Nichts törnt uns so an, wie die Erinnerung an die letzte Nacht (oder war es ein Nachmittag?). Wenn Sie diese Erinnerung in Ihrer Freundin wachrufen – sei es am Telefon oder mit einer SMS – ist das das schönste „Vorspiel". Wenn Sie gut darin sind, wird Ihre Liebste es kaum erwarten können, Sie wieder in sich zu spüren. Vorspiel? Hatten wir doch schon …

Auch während des Zusammenseins mit Ihrer Partnerin sollten Sie die Phantasien und das Reden nicht vergessen. Die meisten Frauen lieben es, wenn man sie auch mit Worten heiß macht. Nur nicht mit der Tür ins Haus fallen. Falls Sie die Frau noch nicht so lange kennen, fangen Sie vorsichtig an, Sie werden ja sehen, wie sie reagiert. Entwickeln Sie Phantasien dabei: Erzählen Sie von Situationen, in denen Sie sie gern nehmen

Die Erinnerung an das letzte Mal ist das schönste Vorspiel.

würden: Versetzen sie sich beide in ein anderes Land – oder meinetwegen auch in die Umkleidekabine im Kaufhaus. So fangen Rollenspiele an, und wenn Sie sich näher kennen und Spaß daran haben, können Sie sie perfektionieren.

Obwohl guter Sex mit Loslassen, mit Sichhingeben und Sichgehenlassen zu tun hat, hat noch besserer Sex wieder etwas mit Kontrolle zu tun. Kontrolle über den eigenen Körper – die jedoch nur dazu dient, im richtigen Moment ein wenig zu bremsen, im anderen sich ungezügelt gehen zu lassen und letztlich beim sexuellen Erleben die freiwerdenden Energien nicht verpuffen zu lassen, sondern dahin zu lenken, wo sie Ihnen und Ihrer Partnerin dauerhaft nützen.

Die einfachste und grundlegendste Technik ist eine bessere Kontrolle der Beckenbodenmuskulatur, übrigens für Frauen und Männer zu empfehlen. (Wenn ein Mann die Beckenbodenmuskulatur anspannt, bewegt sich der Penis nach oben. Training: Legen Sie ein kleines Gewicht, zum Beispiel ein kleines Handtuch auf den erigierten Penis und spannen Sie wiederholt an.) Bei den meisten Männern geht das unwillkürliche Zusammenziehen der Beckenbodenmuskulatur mit dem Samenerguss einher. Wenn Sie diese Muskelgruppe jedoch steuern können, sind Sie leichter in der Lage, die Ejakulation zu verzögern – oder sogar zu unterdrücken. Das muss nicht heißen, dass kein Orgasmus

Ejakulieren Sie, wenn der sexuelle Akt reif dafür ist.

stattfindet. Mit einer speziellen Technik des Tao-Yoga leitet man den Energiefluss sozusagen nach oben, die Wirbelsäule entlang, in die Nervenbahnen. Die der Ejakulation folgende Mattigkeit bleibt aus, dennoch ist ein extrem intensives Gefühl damit verbunden, das manche Männer als mindestens so befriedigend beschreiben wie eine genitale Ejakulation. „Profis" dieser Technik erleben Multiorgasmen und ejakulieren schließlich genau dann, wenn sie wollen. Wenn der sexuelle Akt reif dafür ist.

Das nur ein kleiner Hinweis darauf, dass hier noch lange nicht Schluss ist. Das Schöne an dem Thema ist, dass Sie immer dazulernen können. In diese höheren „Ebenen" werden Sie aber sicher nicht beim ersten Date vordringen, sondern mit einer geliebten, liebenden Partnerin an der Seite.

Teil III
Fehlermeldungen und Fehlerbehebung

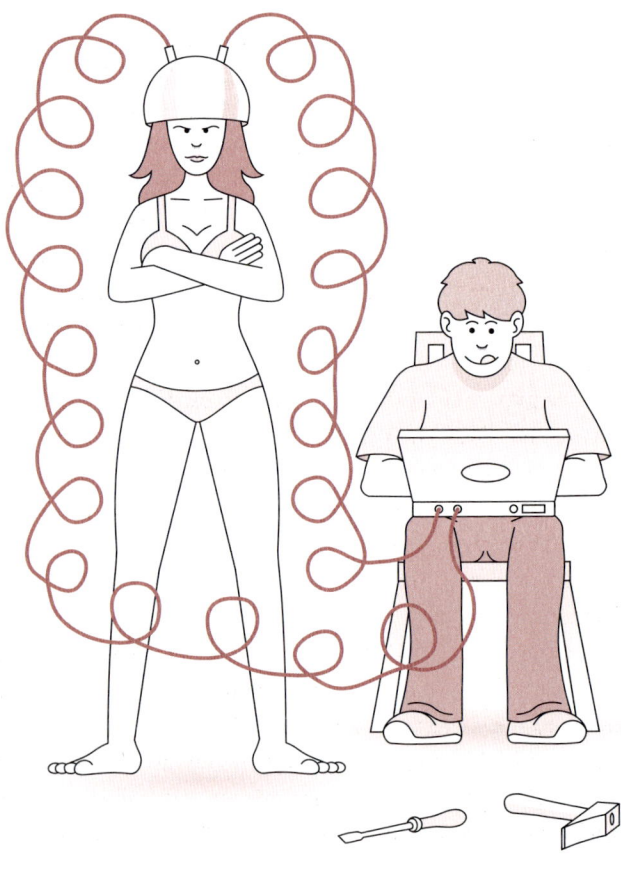

8 Was Störungen eigentlich sind

Für viele Fehlermeldungen gilt: Was sich für den einen Partner als „Störung" bemerkbar macht, kann durch simples „Normalverhalten" des anderen Partners ausgelöst werden. Mit den Worten des bekannten amerikanischen Paartherapeuten John Gray: Marsianer und Venusianer sind vor langer Zeit auf der Erde gelandet und haben inzwischen vergessen, dass sie unterschiedliche Sprachen sprechen und anders denken. Darum missverstehen sie sich ständig. Meist hat das nichts mit Boshaftigkeit zu tun, sondern mit Aneinander-Vorbeireden.

Aber es gibt noch einen anderen wesentlichen Aspekt: Was ein Partner als Störung deutet, ist für den anderen oft nichts weiter als der Beginn der Auflösung der Beziehung. Im Zentrum stehen dann nicht mehr sexuelle Attraktion und das Werben umeinander, sondern Manipulation und Lügen. Nicht selten geht dieser Prozess nur von einem der beiden Partner aus, der andere ist ihm mehr oder weniger hilflos ausgeliefert. Warum das so kommt, und wie Sie dem Beziehungsverfall entgegenwirken können, habe ich versucht, in den vorangegangenen Kapiteln deutlich zu machen.

Und es gibt Störungen, die durchaus etwas mit Boshaftigkeit, Unfähigkeit oder Dummheit zu tun haben. Aber es macht dabei wenig Sinn, von „Schuld" zu reden, denn oft lässt sich nicht einmal feststellen, wo die Ursache war, auf Seiten des Mannes oder auf Seiten der Frau. Eine „Beziehung", die länger als einen Abend dauert, ist eben ein sich ständig rückkoppelndes System. Wenn Sie zum Beispiel zulassen, dass eine Frau Sie über längere Zeit hin schlecht behandelt: selbst schuld. Überlegen Sie mal, ob Sie sie zu diesem Verhalten vielleicht einladen. Wenn Sie denken, Sie machen alles richtig und die Frau behandelt Sie trotzdem schlecht: Warum ziehen Sie dann nicht die Konsequenzen und geben ihr den Laufpass? Lesen Sie mal nach im Kapitel 1, „Die Frau": Auf diesem Planeten gibt es fast dreieinhalb Milliarden Frauen. Meinen Sie wirklich, Sie müssen sich auf eine einzige fixieren?

Meinen Sie wirklich, Sie müssen sich auf eine einzige Frau fixieren?

Als überlegener Mann, der für Frauen attraktiv ist, sollten Sie sich nicht allzu viel mit den Problemen einer einzigen Beziehung beschäftigen. Folgen Sie Ihrem Weg, integrieren Sie die Frau darin, wenn es geht. Wenn es nicht geht: Sagen Sie goodbye und bleiben Sie Freunde. Ich weiß, leichter gesagt als getan. Es gibt Frauen, um die ein Mann kämpfen möchte, die er behalten möchte, um jeden Preis (Nicht selten gerade die, die sich unmöglich verhalten). Also gut, dann folgt hier noch die obligatorische Fehlerbehebungsliste, die schließlich zu jeder Bedienungsanleitung gehört.

Es gibt Frauen, um die ein Mann kämpfen möchte.

9 Fehlerbehebungsliste

Sie reizt mich sexuell nicht mehr

Nach einer Weile des Zusammenlebens ist es normal, dass das sexuelle Interesse nachlässt. Monogame Beziehungen tendieren zur Nützlichkeit (↑ Kapitel 5, S. 105). Man „missbraucht" den Partner für alle möglichen Sachen: Einkaufstüten-Träger, Putzhilfe, Chauffeur, Köchin, Geschäftspartner, Bankberater usw. Wenn Sie das sexuelle Feuer erhalten wollen, müssen Sie die nivellierende Dynamik der monogamen Mann-Frau-Beziehung kennen und brechen. Stellen Sie in Ihrer Beziehung das in den Vordergrund, was Ihnen wirklich wichtig ist. Wenn es der Sex ist, müssen Sie diesen Aspekt Ihrer Partnerschaft nach vorne stellen und dafür „Nützlichkeits-Aspekte" aussortieren. Aber es wird nie perfekt sein. Denn eine lebenslange monogame Beziehung ist von der Natur für den Menschen nicht vorgesehen. Machen Sie deshalb sexuelle Treue nicht zum Maß aller Dinge. Wirklich konstante und beständige Paarbeziehungen basieren in den seltensten Fällen auf sexueller Treue. Vielmehr auf sozialer Treue.

Sie will keinen Sex

Das kann für ein paar Tage nichts weiter als „Normalverhalten" sein (lesen Sie den Abschnitt in Kapitel 5). Beziehen

Sie das nicht auf sich. Wenn das ganze allerdings zum Fast-Dauerzustand wird, liegt ein Problem vor. Und nicht selten liegt das Problem auf Ihrer Seite, der Seite des Mannes. Wenn sie nicht mehr mit Ihnen schlafen will, ist das eigentlich die Vorstufe der Trennung. Überlegen Sie mal, was schon alles schiefgelaufen ist. Vermutlich eine ganze Menge. Sie müssen also viel weiter vorne ansetzen und – wenn

Wenn sie nicht mehr mit Ihnen schlafen will, ist das die Vorstufe zur Trennung.

möglich – die Beziehung wieder in den „Ausgangszustand" versetzen. Damals, als Sie sich kennenlernten und sie es kaum erwarten konnte, mit Ihnen Sex zu haben. Damals waren Sie der Kerl, den sie begehrte. Manche Paare schaffen es – weil sie tief innen wissen, dass sie sich wollen – diesen Ausgangszustand immer wieder herzustellen. Bei anderen ist so viel vorgefallen („kaputtgegangen"), dass es einfach nie mehr so sein kann. Versuchen Sie, Ihre Beziehung richtig einzuschätzen. Vielleicht hilft es Ihnen, wenn Sie das Kapitel „Wie bindet man eine Frau" und die benachbarten Kapitel nochmal durchlesen.

Sie geht fremd

Keine schöne Sache. Aber wenn Sie versuchen, sie krampfhaft zu halten, werden Sie sie erst recht verlieren. Fremdgehen kann entweder aus einer spontanen Laune heraus passieren, mit aus irgendeinem Grund heruntergesetzter

Hemmschwelle – das sollten Sie nicht überbewerten. Oder aber es ist die Suche, die Sehnsucht der Frau nach einem anderen, stärkeren Partner – dann allerdings haben Sie ein Problem. Sie können dieses Problem aber nicht mit Eifersucht oder „Szenen" (das machen Frauen) oder Moralsprüchen lösen. Sondern nur, wenn Sie sich reaktivieren und wieder der starke und interessante Kerl werden, der Sie für die Frau einmal waren. Eifersucht ist das Verhalten eines schwachen, unsicheren Mannes. Sie ist fremdgegangen? Na, wenn schon. Lassen Sie ihr den Spaß und gönnen Sie sich vielleicht selbst auch etwas. Zeigen Sie ihr, dass Sie nicht auf sie angewiesen sind. Sie kann gehen, da ist die Tür. Sie wollen sie nicht verlieren? Wenn Sie sie behalten wollen, müssen Sie ernsthaft in Kauf nehmen, sie zu verlieren. Nicht als Spiel, nicht als Manöver. Nein, wirklich. Das wird Ihnen viel leichter fallen, wenn Sie in Ihrem Leben schon festgestellt haben, dass es mehr als eine Frau auf diesem Planeten gibt.

Sie droht mit dem Ende der Beziehung

Geben Sie es ihr! Lassen Sie sich nichts androhen oder sich unter Druck setzen. Die richtige Reaktion ist, die Frau ziehen zu lassen. Ernsthaft. Seien Sie etwas cooler, bitte. Sie wird entweder einknicken und zurückkommen, oder Sie werden nie wieder etwas von ihr

Sie droht mit dem Ende? Sie kann es haben.

hören – akzeptieren Sie das. Sie haben, nüchtern betrachtet, keinen großen Schatz verloren. Bevor sie geht, bieten Sie ihr noch an, Freunde zu bleiben.

Sie fühlt sich unglücklich

Oje, das kann ja wirklich alles oder nichts heißen. Lesen Sie mal im Kapitel 1 (S. 47 ff) nach. Frauen tragen eine gewisse Grundunzufriedenheit mit sich herum, sie sind viel schwerer zufriedenzustellen als wir Männer. Was sich hier äußert, kann also einfach ein Normalzustand der Venusianerin sein, der sie gerade überkommt. Nehmen Sie es nicht so schwer, auf keinen Fall so schwer wie die Frau selbst, und lassen Sie sich nicht in den venusianischen Strudel hineinziehen. Sparen Sie sich um Gottes willen Problemlösungen und Analysen – das macht alles nur noch viel schlimmer. Was Ihre Frau jetzt braucht, ist Zustimmung, das Teilen ihrer Gefühle, eine starke Schulter, an die sie sich anlehnen kann. Und vor allem einen Partner, der die schlechte Laune transformiert in etwas Besseres (z. B. Sex).

Transformieren Sie die schlechte Laune Ihrer Partnerin in Sex.

Etwas anderes ist es, wenn die Frau zutiefst mit Ihnen und ihrer Beziehung unzufrieden ist. Das kann ein verheerender Dauerzustand sein. Eigentlich möchte sie weg, aber aus irgendeinem Grund (Konventionen, finanzielle Abhängigkeit, sozialer Druck) meint sie, es nicht zu können. Suchen

Sie das Gespräch, gehen Sie zur Paartherapie. Finden Sie heraus, was schiefgelaufen ist. Sehen Sie die Trennung als realistische und für alle Seiten vermutlich förderliche Option an.

Sie ist eifersüchtig

Je weniger die Frau in sich selbst ruht, umso weniger wird sie auch in der Beziehung ruhen. Schlagen Sie hierfür nochmal in Kapitel 2, „Modellvarianten", nach. Typen mit geringem Selbstwertgefühl neigen sehr viel eher zur Eifersucht als starke, positive Frauen. Aus diesem Grund ist auch eine tiefe und lang dauernde Beziehung nur zu letzterem Frauentyp beglückend. Denn in einer Beziehung werden immer wieder gegenseitige Tests, Herausforderungen und Störungen durch Dritte passieren. Mit einer starken Partnerin an der Seite kann man – vielleicht sogar

Offenheit ist in einer kränkelnden Beziehung der beste Weg.

lächelnd – darüber hinweggehen (egal, was vorgefallen ist). Mit einer eifersüchtigen, labilen Partnerin dagegen kann schon ein harmloser Flirt auf einer Party zu mehrtägigem Drama, körperlichen Attacken und Dauerstress führen. Wenn man gezwungen ist, in einer Beziehung immer nur um den Partner als alleinigen Ansprechpartner zu rotieren und jeder Seitenblick mit Eifersucht quittiert wird, fühlt man sich sehr schnell unwohl. Wenn Ihre Partnerin notorisch eifersüchtig ist und Sie sie wirklich betrogen haben, macht Verheimlichen alles nur noch schlimmer. Seien Sie offen. Besser ein Ende mit Schrecken, als ein Schrecken ohne Ende. Wenn sie Sie stets grundlos verdächtigt, reden Sie mit ihr über eine Therapie. Und vor allem: Überlegen Sie mal, ob das wirklich die richtige Partnerin für Sie ist.

Sie macht mich eifersüchtig

Ruhig bleiben. Dieser „Test" gehört zum Standardrepertoire der meisten Frauen. Männer, die sich aus der Fassung bringen lassen, die auf die Palme gehen und zornesrot anlaufen, haben den Test nicht bestanden. Wenn Sie der Partner sind, den Ihre Frau sich wünscht, haben Sie nichts zu befürchten, dann sind Sie sowieso außer Konkurrenz und andere Männer nur Spielbälle. Nur wenn Ihr Selbstbewusstsein durchhängt, laufen Sie Gefahr, in die Falle zu tappen. Sie tendieren dann zur Eifersucht – und das hat viel mit Verlustangst zu tun, mit Ihren eigenen Zweifeln daran, ob Sie diese Frau halten können. Wenn Sie mit sich im Reinen sind und Ihre Stärken kennen, können Sie viel entspannter reagieren als mit Wut. Nehmen Sie es als Spiel und flirten Sie selbst ein wenig mit einer netten Gesprächspartnerin – wenn Sie zum Beispiel gerade auf einer Party sind. Und nächstes Mal, wenn Sie in einer Bar an den Tresen zurückkommen und bemerken, dass ein unbekannter Mann gerade Ihre Begleiterin anbaggert: Blaffen Sie ihn nicht an, sondern begrüßen

Sie ihn herzlich, mit einem Klaps auf die Schulter. Und dann zwinkern Sie Ihrer Freundin zu. Machen Sie durch Ihre Souveränität deutlich, dass Sie hier der Rudelführer und Chef im Ring sind.

Sie will mehr Geld

Das vermeintliche Problem kann einen ganz einfachen Grund haben: Sie sind geizig und geben Ihr zu wenig. Wenn Sie in einer Partnerschaft mit „Arbeitsteilung" leben, sollten Sie anerkennen, dass jeder seine Leistung einbringt und dass diese Leistungen gleich viel wert sind. Das sollte selbstverständlich sein. Wenn Sie beide gleich viel verdienen, sollten Sie trotzdem wissen, wann es angebracht ist, Ihre Partnerin einzuladen: fast immer. Zweite Variante: Die Frau ist tatsächlich notorisch geldsüchtig. Dann sollten Sie natürlich auf der Hut sein. Aber das sind Ausnahmen. In einer starken, sexuellen Beziehung spielt Geld keine tragende Rolle. Jedoch kann es ein nützlicher Katalysator sein, um die Beziehung leichter auf Ebenen zu befördern, wo sie sonst nicht hinkäme.

Wann ist es angebracht, eine Frau einzuladen? Fast immer.

Sie ist krankhaft ehrgeizig im Beruf

Sehen Sie sich nochmal das Kapitel 3 über Frauentypen an. Vielleicht sind Sie an eine Frau mit schwach ausgeprägtem

Selbstbewusstsein und starker Selbstfixierung geraten, die permanent Bestätigung von außen braucht, die sie sich zum Beispiel im Job holt. Falls Ihre Partnerin so ist, müssten Sie das allerdings auch im täglichen Leben mit ihr merken. Sie wird auch Sie „aussaugen", alle positive Kraft von Ihnen abziehen, nur um das zur Bestätigung des eigenen Egos zu verwenden. Sie ruft Sie dann an, wenn Sie sie braucht. Sie schmiegt sich an Sie, wenn sie es gerade dringend nötig hat – aber sie lässt Sie im Regen stehen, wenn Sie sie mal brauchen. Ganz ehrlich: Wenn die Frau so ist, dann ist es kein Verlust, wenn sie bald nicht mehr Ihre Partnerin ist.

Variante 2: Ihre Partnerin ist einfach nur toll und erfolgreich im Beruf, und das „krankhaft" haben Sie hineininterpretiert. Dann allerdings müssen Sie an sich selbst arbeiten. Sind Sie weniger erfolgreich? Fühlen Sie sich unterlegen? Machen Sie mehr aus sich! Sehen Sie, wo Ihre Stärken liegen und bauen Sie sie aus. Wenn sich ein Gleichgewicht eingestellt hat, schätzen Sie die Lage wahrscheinlich anders ein.

Sie kann nicht kochen

Ein sehr wahres Sprichwort heißt: „Liebe geht durch den Magen". Es sagt jedoch nichts darüber aus, wer von den beiden Partnern die Zubereitung des Essens übernehmen sollte. – Essen ist etwas sehr Sinnliches, genau wie Sex. Nicht zufällig steht oft ein gemeinsames Dinner am Anfang einer romantischen Nacht. Die Geschmacksnerven werden angeregt, die Lust auf Küsse steigt, mit Alkohol wird alles noch ein wenig lockerer. Auch natürliche, in manchen Nahrungsmitteln enthaltene Aphrodisiaka können einen Teil dazu beitragen. Das stets überbeschäftigte Gehirn kann ein wenig abschalten und anderen, rudimentären Dingen Raum geben. Im Prinzip beginnt hier das Vorspiel, das konsequent bis zum Orgasmus führt. Falls Ihre Partnerin also das gemeinsame Essen mit Ihnen gering schätzt und oft auslässt, beschneidet sie sich selbst in der Bandbreite ihres (auch sexuellen) Erlebens. Nun zur Ausgangsfrage: Wenn Ihre Partnerin nicht kochen kann oder will, sollten Sie mal schauen, ob dahinter nicht mehr steckt: mangelnde Sinnlichkeit, ein problematisches Körperbewusstsein, allgemeine psychische Probleme. Wie gesagt, das ist nur eine Möglichkeit. Vielleicht ist aber auch alles in Ordnung und Ihre Frau lässt sich eben lieber verwöhnen, weil Sie der Meister in der Küche sind. Fazit: Es kommt nicht darauf an, wer kocht, sondern dass Sie das Vorspiel des Essens gemeinsam zelebrieren.

> **Es geht nicht darum, wer kocht. Sondern darum, das Vorspiel des Essens gemeinsam zu zelebrieren.**

Sie blockiert das Telefon

Typisch venusianisches Normalverhalten. Frauen sind eben wesentlich kommunikativer (↑ Kapitel 1, S. 33). Frauen-Telefonate mit Freundinnen sind nach Halbe-Stunden-Ein-

heiten zu messen. Männer-Telefonate misst man in Minuten. Frauen wollen Probleme nicht mit einem Fingerschnipp
lösen, wie wir Männer das lieben. Sie wollen sie stattdessen

"besprechen", wie man eine Voodoo-
Puppe bespricht. Das Teilen von Problemen ist für Frauen viel wichtiger
als das Lösen. Und das dauert eben
länger. Nicht selten ist die weibliche

**Frauen besprechen
ein Problem, wie man
eine Voodoo-Puppe
bespricht.**

Strategie auch die bessere, denn eine Lösung, die langsam
"wächst", ist nicht selten besser als ein Schnellschuss. Sim-
ple Lösung für das Telefon-Problem: zwei Leitungen.

Sie kommt notorisch zu spät

Gerade am Anfang einer Beziehung sehr beliebter "Test",
bei dem das Verhalten des Mannes ausgelotet wird (↑ Kapitel 4). Zu spät kommen ist ein Zeichen der Respektlosigkeit
und Geringschätzung. Die Frau will sehen, ob sie damit bei
Ihnen durchkommt oder ob sie Ihren Widerspruch erntet.
Letzteres ist besser. Reagieren Sie konsequent. Für Frauen
gelten die gleichen Spielregeln der Höflichkeit wie für
Männer. Warten Sie nicht über Gebühr, verlassen Sie den
Treffpunkt. Oder noch besser: Beschäftigen Sie sich mit
einer netten Dame am Nachbartisch. Nutzen Sie die Zeit ein
wenig, um zu flirten. Wenn sie dann kommt, vermitteln
Sie ihr das Gefühl, dass die Verspätung ein Segen für alle
war. Ihre Freundin wird sich zweimal überlegen, ob sie Sie

nochmal warten lässt, und Sie haben den „Test" mit Note „sehr gut" bestanden. Variante zwei: Ihre Holde hat wirklich Null Zeitgefühl. Lösung: Warten Sie nicht irgendwo auf sie, sondern holen Sie sie ab. Eine geschenkte Uhr mit großer Anzeige wirkt dagegen eher kontraproduktiv und kann den Mechanismus „Test" erst recht in Kraft setzen, auch wenn es ursprünglich gar nicht so gemeint war. Gerade hier sind die Übergänge sehr fließend.

Sie hat Shoppinganfälle

Gelegentlicher venusianischer Normalzustand, da kann man nicht viel machen. Männer und Frauen haben unterschiedliche Arten zu kompensieren und sich abzureagieren. Für Frauen ist das Shoppen – ich rede jetzt nicht über das Einkaufen von dringend nötigen Lebensmitteln – kein logischer, sondern ein sehr gefühlsbetonter Akt. Die meisten Männer wissen gar nicht, was „Shoppen" eigentlich ist, denn sie erledigen ihre dringend nötigen Einkäufe (neue Druckerpatrone, Schnürsenkel, eine Jacke) in weniger als einer Stunde. Für Frauen ist es eher so etwas wie das Schlendern durch einen Erlebnispark, hier eine Attraktion, da eine, hier ein Fahrgeschäft, da eine Wasserrutschbahn. Und das macht man natürlich auch nicht alleine, sondern mit Freundinnen. Zeitbudget: mindestens ein halber Tag. Selbst wenn Sie eine prima Beziehung führen, sexuell erfüllt und mit allem drum und dran: Ein wenig zu kompensieren gibt es immer. Akzeptieren Sie das und freuen Sie sich, dass Sie eine echte Venusianerin zu Hause haben. Es gibt Ausnah-

Shoppen ist wie das Schlendern durch einen Erlebnispark.

men: Manche Frauen hassen Einkaufen genauso wie wir Männer. Diese Frau rauscht durchs Kaufhaus, holt sich in fünf Minuten eine neue Bluse,

weil sie sie braucht, und ist schon wieder draußen. Toll. Aber auch ein wenig unheimlich, oder? (Hoffentlich ist mit der Dame sonst alles in Ordnung!)

Sie ist unintelligent und langweilig

Eins der wenigen Probleme, gegen die man kaum etwas machen kann. Wenn Sie nicht nur „so zum Spaß" mit der Frau zusammen sind, sondern eine langfristige Partnerschaft suchen, sollten Sie austesten, ob das Gefälle zwischen Ihnen beiden nicht zu groß ist – bevor Sie sich ernsthaft binden (↑ Kapitel 2). Sex ist ein enorm starker Klebstoff für eine Beziehung – aber wenn es das einzige ist, was sie zusammenhält, wird sie nicht allzu lange dauern. Nach einiger Zeit braucht die Beziehung noch andere tragende Elemente. Wenn das nicht der Fall ist, schmilzt sie zusammen wie ein Schokohase in der Sonne: Es war süß, aber hat nicht gehalten. Aber Hand aufs Herz: Neben manchen wandelnden Schlaftabletten wimmelt es in unseren Städten von intelligenten, eloquenten und dabei sprühend charmanten Frauen. Also das „Problem" ist kein so großes.

Schlusswort & Dank

Genau wie Oliver Kuhn, den ich in diesem Buch schon einmal zitiert habe, liebe auch ich das Wellenreiten. Deshalb gefiel mir diese Stelle in seinem Buch besonders gut: „Wann immer Sturm herrschte und die Wellen vor der Küste von Oahu so richtig hoch waren, hat Eddie Aikau, der ‚Bademeister' von Waimea Bay (und legendäre Surfer), den Strand evakuiert und die Leute nach Hause geschickt. Dann hat er sein Brett genommen und ist zum Wellenreiten gegangen. Noch heute, wenn die Wellen gefährlich hoch sind vor Hawaii, sagen die jungen Leute zueinander: ‚Eddie would go'. Eddie würde jetzt rausgehen."

Machen Sie es auch so: Gehen Sie raus, vereinigen Sie sich mit den Wellen, den Frauen oder der Welt – es ist das Gleiche.

Dank an:

Franz, Joachim, Marc und Max.

Besonderer Dank an:

Barbara, Moni & Lydia, Susanne, Monika, Barbara G., Barbara K., Elisabeth, die Krankenschwester, Susi, Mädchen vom Ammersee, Susanne W., Ines, Gabi, Mädchen aus Prenzlauer Berg, Johanna, Wendy, Joan, Aggie, Wanda, Ulrike, Cintia, Agnes, Ina, Linda, Esther, Ayu, Sherly, Lisa, Maria-Angelique, Heike, Anna, Mey, Nora, Tina, Arie, Beatrice, Eva, Trinity, Resa und Jutta.

Keine Fehlermeldung: Sie kann nicht genug von Ihnen bekommen.

Gratuliere! Wie machen Sie das? Was ist Ihr persönliches Erfolgsrezept? Für eine aktualisierte Bedienungsanleitung und neue Erkenntnisse zum unendlichen Thema Frau freue ich mich auf Ihre Kritik und Anregungen.

E-Mail: autor@frauen-dasbuch.de

Website zum Buch: www.frauen-dasbuch.de

Website des Autors: www.textundtext.de

Literatur

Bakos, Susan Crain, Sex-Geheimnisse für den ultimativen
Lust-Trip, Goldmann Verlag 2003.
Erfrischend zu lesendes Sex-Buch einer sehr erfahrenen Autorin.

Bateson, Gregory, Ökologie des Geistes, Suhrkamp Taschenbuch 1985.
*Der universelle Denker Bateson hat den Begriff des „double bind",
der im Kapitel 4 eine Rolle spielt, geprägt.*

Brizendine, Louann, Das weibliche Gehirn. Warum Frauen
anders sind als Männer, Hoffmann und Campe 2007.
*Obwohl Brizendine großes Fachwissen hat, spielt sie in ihrem Buch
öfters oberflächlich mit Klischees.*

Cook, Michael, A brief history of the human race, Norton
Paperback 2005.
*Ein sehr inspirierender Blick zurück in die Zeit. Leider noch nicht auf
Deutsch.*

Deida, David, Der Weg des wahren Mannes, Verlag J. Kamp-
hausen 2006.
*Zu Recht sehr erfolgreicher Autor, der mit seinem fast schon
poetischen Schreibstil tiefere Einblicke in das Mann-Frau-Gefüge
gibt als jeder andere.*

Feldhahn, Shaunti & Jeff, Frauen sind Männersache,
Gerth Medien 2006.
*Gut recherchiertes Buch, das hilft, Frauen besser zu verstehen.
Nicht jedermanns Geschmack: christlich angehaucht und manchmal
zu brav.*

Franck, Pierre, Glücksregeln für die Liebe, Koha-Verlag 2005.
Erfolgreicher deutscher Autor, der seinen Schwerpunkt auf absolute Treue und Offenheit in Beziehungen legt.

Gray, John, Männer sind anders. Frauen auch. Männer sind vom Mars, Frauen von der Venus, Goldmann 2002.
Erfolgreich wegen seiner eingängigen Terminologie. Stellt die Problemlösung in den Vordergrund, statt nach dem Warum von Problemen zu fragen.

Kuhn, Oliver, Der perfekte Verführer, Knaur Taschenbuch 2007.
Guter Überblick über Entwicklung und Hintergrund sowie über die Methoden und Tricks der „Pick-up-Artists".

Paget, Lou, Der perfekte Liebhaber. Sextechniken, die sie verrückt machen, Goldmann 2001.
Recht locker geschriebenes Buch rund um Sex und wie man ihn besser macht.

Reuben, David, Alles, was Sie schon immer über Sex wissen wollten, aber bisher nie zu fragen wagten, Droemersche Verlagsanstalt 1969.
Ein „Klassiker", manchmal zum Schmunzeln, manchmal immer noch aktuell.

Satana, Ludovico, Lob des Sexismus. Frauen verstehen, verführen und behalten, Books on Demand GmbH 2006.
Provokanter Titel, aber sehr profundes und analytisch glasklares Buch über die Mann-Frau-Interaktion. Bei der Darstellung der HSE- und LSE-Typen (im Kapitel 2) habe ich mich an dem Wiener Autor orientiert.

Schindler, Susa, Geschlechterrollen. Welche biologischen Einflüsse beeinflussen unser Verhalten, Online-Projekt, http://netzwerk.wisis.de/projekte/7.htm, 2003, aktualisiert 2006.
Sehr gute Online-Dokumentation.

Weber, Eric, How to Pick Up a Girl, Symphony Press, 2002
Klassiker des Verführungs-Genres, beeinflusste viele spätere Bücher, erstmals 1970 erschienen.

humboldt

... bringt es auf den Punkt.

Armin Fischer

Sex nach
sechs Stunden

So verführen Sie Frauen
im Handumdrehen

2., aktualisierte Auflage

humboldt –
Psychologie & Lebensgestaltung
184 Seiten, 12,5 x 18,0 cm, Broschur
ISBN 978-3-86910-474-4
€ 9,95

Wenn es um die Traumfrau geht, bleibt Männern nicht viel Zeit: Seriösen Studien zufolge entscheiden Frauen bereits in den ersten sechs Stunden einer Bekanntschaft, ob sie mit einem Mann gerne im Bett landen würden oder nicht. Der Autor erklärt an praktischen Beispielen, wie Männer diese ersten sechs Stunden nutzen können. Kurzum: Dieser Ratgeber hilft, die Frauen zu verführen – und zwar schnell.

Der Autor

Armin Fischer ist ein renommierter Journalist und Buchautor. Für sein Buch „Frauen. Eine Bedienungsanleitung, die selbst Männer verstehen" hat er unzählige Frauen interviewt und ihr Verhalten entschlüsselt. In „Sex nach sechs Stunden" widmet er sich nun der Königsdisziplin einer angehenden Beziehung: der Verführung

Nina Deißler

Flirten

Wie wirke ich?
Was kann ich sagen?
Wie spiele ich
meine Stärken aus?

humboldt –
Psychologie & Lebensgestaltung
176 Seiten, 12,5 x 18,0 cm, Broschur
ISBN 978-3-89994-164-7
€ 7,90

Lebensnahe und konkrete Tipps statt peinlicher Sprüche! Deutschlands „Datedoktorin" Nina Deißler verrät, wie man ganz leicht und charmant Kontakte knüpft. Mit ihrer Hilfe lernen Sie, Ihr eigenes Potential zu erkennen und zu entwickeln – statt den Traumpartner mit alten Flirtsprüchen zu langweilen oder aus Angst vor Versagen zu verpassen. Denn: Flirten kann man lernen!

- Professionelle Hilfe von der bekannten Flirt-Expertin Nina Deißler
- Schritt für Schritt zum perfekten Flirt
- Lebensnahe und konkrete Tipps statt peinlicher Sprüche

Die Autorin
Nina Deißler gibt seit vielen Jahren Flirtkurse und bietet auf ihrer Internetseite www.kontaktvoll.de praktische Tipps für Menschen auf Partnersuche. Die populärsten Magazine, Fernseh- und Radiosender fragen Nina Deißler, wenn sie eine Expertin in Sachen Flirten benötigen.

humboldt

... bringt es auf den Punkt.

Beatrice Wagner

Männer

Die längst fällige Bedienungsanleitung

humboldt –
Psychologie & Lebensgestaltung
160 Seiten, 12,5 x 18,0 cm, Broschur
ISBN 978-3-89994-163-0
€ 8,90

Männer sind eine Wissenschaft für sich. Fast jede Frau fragt sich zuweilen, warum der Partner in bestimmten Situationen so und nicht anders reagiert. Dieses Buch hat die Antworten: Es stellt unterschiedliche Männertypen vor, hilft bei Beziehungsproblemen und bietet Lösungen für versteckte Konflikte. Mit dieser Bedienungsanleitung haben es Frauen mit Männern endlich leichter!

- Praktische Tipps, voller Witz und Charme
- Das einzige Buch, das die Erfahrungen von Männern und Frauen mit den neuesten Erkenntnissen aus der Psychologie vereint

Die Autorin

Beatrice Wagner hat zahlreiche Bücher und Artikel zu den Themen Partnerschaft, Liebe und Sexualität veröffentlicht. Für diese praktische „Bedienungsanleitung" hat die promovierte Humanbiologin und Hirnforscherin Frauen und Männer aus ganz Deutschland interviewt.

www.humboldt.de   Stand Januar 2010. Änderungen vorbehalten.